近者外來老例

世修補竅鐫遺害非淺冷

明全部刊列新板校對無

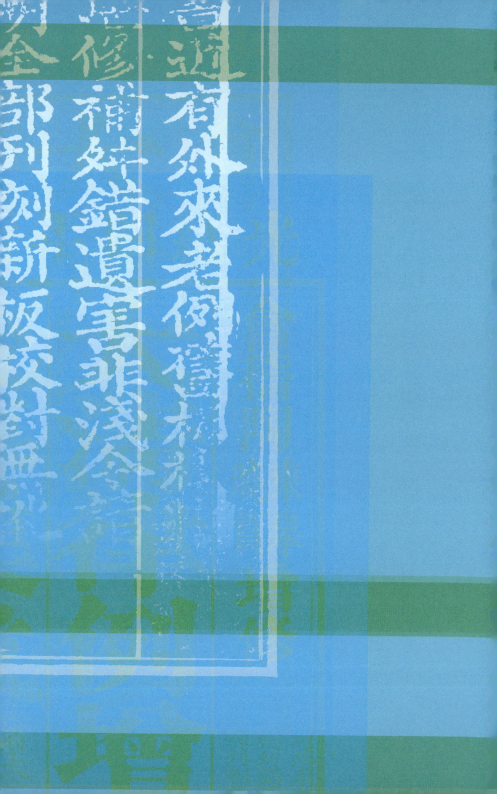

张田田
———译
张　婷
———审校

〔美〕张　婷———著

法律与书商

商业出版
与清代法律知识的
传播

CIRCULATING THE CODE:
PRINT MEDIA
AND LEGAL KNOWLEDGE
IN QING CHINA

社会科学文献出版社
SOCIAL SCIENCES ACADEMIC PRESS (CHINA)

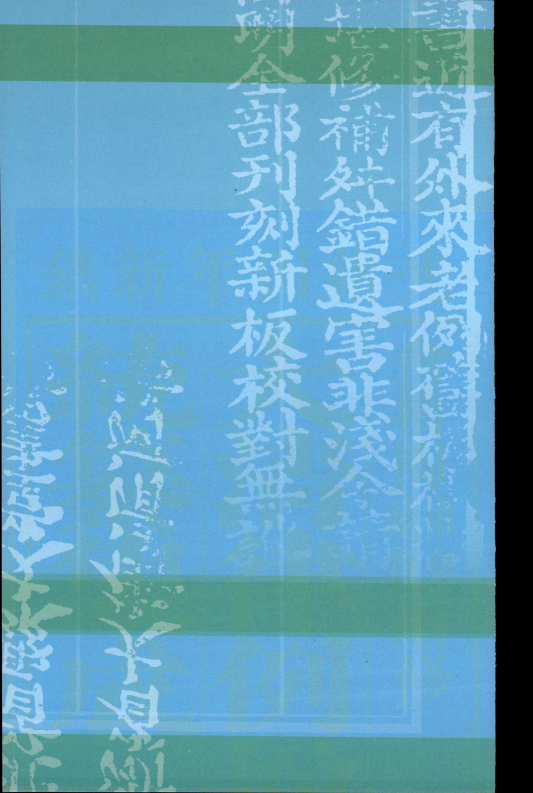

序 一

罗威廉（William T. Rowe）

　　张婷这本研究深入、论证有力的专著，结合了关于清代法律修订的制度史与中华帝国晚期兴盛的出版史，并将这两条线索贯穿于清代法律实践与法律文化的研究中。近年来，黄宗智等学者在法律实践与法律文化领域的研究已极大地改变了我们对清朝国家与社会关系的理解。

　　学者们从前认为清代司法体系是恣意擅断、反复无常的，如今我们认识到清代官方法律内容严谨、体系完备，并基于不难理解的先例成案。执法的地方官能较好地理解法律，在司法审判中经常援引法律。在此基础上，张婷对成文法如何创制和演变，以及官方和商业出版机构怎样陆续出版和广泛传播新版律例等提出了新观点。书商在法律知识的生产和书籍营销上，尤其在法律书籍的版式创新上展开竞争，潜移默化地影响了时人对法律及其适用范围的解读。

　　不仅如此，从前学者认为清朝的司法体系排斥以文盲为主的普通百姓，如今我们可以看到，许多百姓大胆地、主动地利用司法系统为自己谋取利益。清朝百姓通过很多种类的媒介走进县令的公堂，包括寻找官代书或者民间下层精英即

"讼师"作为中介等。然而，正如张婷所指出的，适合各个阶层阅读的书籍印刷范围的扩大，也促成了 18、19 世纪诉讼的激增。

本书是帮助我们理解中华帝国晚期社会实际运作的一部力作，也告诉我们晚期帝国是如何通过耐心应对越发繁重的诉讼来建立及巩固自己在百姓中一定程度上的合法性的。

序　二

梅尔清（Tobie Meyer-Fong）

张婷的这本书在提到清朝官员的读律体验时说，《大清律例》是如何冗长深奥，读之令人昏昏欲睡。与之相反，此书则流畅易懂又简洁生动。即使张婷援引很多一手、二手史料作为论据，但也力图用有趣的故事、有魅力的人物和有新意的观点来为之添彩。我相信读者一定会觉得本书很提神！

张婷具备难得的素养，把看似枯燥的话题写得既扣人心弦又提炼精华。她兼具耐心细致的文献功底与发掘趣闻逸事的敏锐眼光。她的智慧火花点亮了她的各种研究主题。她能使读者产生要进一步了解律典及其版本与帝国行政管理的意愿与需求。过去的 15 年中，我有幸成为她的导师之一，与她一起工作也使我收获良多。

2007 年秋，张婷来到约翰斯·霍普金斯大学，此前她刚获得北京大学历史学硕士学位。我清楚记得在攻读博士学位的头几年，她从研究中得到了如此多的乐趣。她谈论清史时好像要从座位上跳起来。她第一学年的论文就很杰出（我不轻易用这个词）。她是第一位（目前也是唯一）获得享誉本系的巴特勒奖（Butler Prize）的中国史研究生。第二年，她担任我的助教，不出意料，学生们都夸她很会讲故事，善于启发人。

在她读博第二年的一次关于印刷文化和出版史的课堂报告上，张婷敏锐地发现，尽管研究中国近代印刷文化的学者将书籍分为官刻、坊刻和家刻，但他们几乎仅仅关注了明末清初供休闲娱乐的商业书籍出版。她认识到清代中央政府和地方官府是出版领域的主要参与者，但这些官方出版物极少获得学界关注。基于这些想法，张婷撰写了一篇精彩的关于出版、印刷文化和法律史的史学文章。她巧妙地用一件趣闻来开篇，内容是满洲官员在极为寻常的官箴书中夹带了一本带有政治争议性的日记，以避免被他人发现，由此表明官方法律书籍的普遍存在。这篇文章的写作让她打算撰写有关清代官方出版的博士学位论文。张婷的研究显示，清朝书商在官方法律资料出版中的功能远比此前推测的重要。

张婷写博士学位论文时不在巴尔的摩，等我们重逢时，她谦虚地告诉我，她仔细分析了131种清代律例书。我惊讶不已，以为自己听错了，请她再说一遍数字。当然，这个数字没错。张婷通过传统及数字人文方法收集了大量资料，并就清律的少量官刻版和大量坊刻版撰写了有说服力的博士学位论文。在美国学会理事会和卢斯基金会的赞助下，她又增加了两个章节和一个结语，同样是基于大量原始资料完成的。这些新作增强了她关于清代社会法律知识传播的观点。本书正是她仔细、耐心和辛勤工作的成果。

过去二十年间，用英文写作的中国早期近代书籍史与法律史研究者人数众多，各有组织，新的学术社团、会议及重要成果层出不穷。目前来看，这两个领域相对独立，少有交集。张婷则创新性地将这两个不同领域的研究进行了富有成效的对话。她探索前人未曾提出的问题。在这个过程中，她推翻了对清律与出版的刻板印象，她追问清朝的法律和普通百姓是如何得知帝国法律的，法律知识是以何种形式传播的，国家在多大程度上控制法律信息，中华帝国晚期或中国早期近代的印刷革命对法律领域有何影响。

张婷认为，清代法律知识的广泛传播和法律书籍的出版由书商主导。坊刻律典中的评注对司法实践作用关键，新出现且随即占据主导的坊刻律典版式使律例原文与相关评注间有了索引，有助于查找信息，改善了阅读体验。商业出版者大力宣传这些改进，关注法律更新的时效性和频繁性，以及注解与评论的准确性和实用性。吸引眼球的犯罪情节和严厉的刑罚也成了吸引读者的内容，案例的多元受众涵盖了专业人士和以娱乐为目的的读者。此外，包括通俗法律手册在内的不同类型、格式的印刷书籍，也对法律普及起到了重要作用。有的法律手册通过歌诀、韵文、问答等方式来解释律典，给人以深刻印象。有清一代，中央控制、商业印刷的大众传播模式发生变化，国家与书商之间的关系无法一概而论，张婷按照时空变化进行分析，观点更加深刻和精致。她对原始文献的精彩把握使得这本书颇具说服力。

张婷的清朝法制研究展示了她讲故事的天赋，不仅介绍了制度在理论上如何运作，也展现了制度的运行实况。她让制度史读来生动而富有活力，常常得出出人意料的结论。她的这本书结合了书籍史的研究方法与法制史成果中提取的问题，观点新颖且论证严谨，使人读来既能获得丰富知识又不乏阅读乐趣。这本书是作者沉浸于多种多样学术传统的美妙凝聚，我已经开始期待她的更多同系列研究了！

于华盛顿

2021 年 8 月

目　录

导　言

康熙三十四年（1695）夏，山东聊城农民杜怀亮投案自首。他声称在家中发现妻子与人行奸，奸夫为陈文现，自己早就知道二人有染，并供述在杀奸当晚自己睡在院子里照料牲口，听到卧房那边传来动静就迅速起身，抓起一把铁斧冲进屋内，看见床上的妻子与陈文现都赤身裸体，陈文现准备逃走。他对县令解释道，自己见此情景自然怒火中烧，所以堵住房门并将妻子和陈文现二人砍死。

县令开始了调查。他带领仵作到杜怀亮家搜集证据，并询问邻居。在这样周密的调查下，他发现杜怀亮的整个故事是编造的，真相更为肮脏：通奸的实际是杜怀亮与陈文现之妻（陈李氏），而不是杜怀亮的妻子（杜张氏）与陈文现有奸。杜怀亮与陈李氏的奸情已持续三年之久。杜怀亮想与陈李氏长相厮守，而当陈李氏决定断绝这段不伦关系后，杜怀亮绝望地想让自己妻子和对方丈夫消失，如此便不但可与陈李氏重修旧好，还能公开生活在一起。他知道一个能让杀死妻子的丈夫脱罪的法律漏洞，即"捉奸成双"。根据清律中的"杀死奸夫"律，"凡妻妾与人通奸，而（本夫）于奸所亲获奸夫、奸妇，登时杀死者，勿论"。① 虽身为一个没上

---

① 　Jones, *The Great Qing Code*, 271.

过什么学的农民，但杜怀亮显然了解这些法律知识。他先引诱陈文现来家中做客并将其灌醉，接着用斧头砍死陈，再砍死自己妻子。然后他剥下二人衣服，伪装成他们是在通奸时被杀。杜怀亮后来招认，自己盼着能被认定为丈夫捉奸当场杀死奸夫、奸妇从而脱罪，[①]但愿望落空，陈李氏（承认奸情）的供述指向了他，县令识破了他的阴谋。根据《大清律集解附例》，县令将杜怀亮以谋杀律拟斩。

与此例相似，能展现普通民众和官员对法律颇为熟悉的案件，在清代司法档案中数量众多。此类案件反映了关于清代社会和法律知识的数个重要问题：清代官员，类似于杜怀亮案中的县令，是如何获取法律知识的？普通民众，类似于杀人犯杜怀亮，是如何了解法律的？法律信息以何种方式及渠道得到传播？法律知识如何影响人们的行动与决策？法律知识的传播对于清代文化、政治、司法等方面有何影响？

研究者通常假设清朝缺乏专门的法律教育，导致民众大多对法律知识不甚了解。他们还主张，国家垄断了准确可靠的法律知识从创制到发行的全过程，导致民众无法正确、及时地知法懂法。此类观点以社会科学领域的"东方主义"（Orientalist）为根源。例如，马克斯·韦伯（Max Weber）曾论证，清朝官员未接受过专业法律训练，对法律一无所知。正因为清朝法制由一群缺乏法律知识的官僚所掌管，运作上一团混乱，与西欧由法律专家主掌的高效法律体系形成了鲜明对比。[②] 张伟仁的《清代的法学教育》是英文研究成

---

① 图纳：《题为禀报事》，中国第一历史档案馆，内阁题本刑法类，康熙三十五年五月十七日。另见 Hegel, *True Crimes*, 79 - 90.

② Weber, *The Religion of China*, 120 - 121, 132.

果中最全面介绍清代法律知识的一篇论文。他在文中指出，清代从官员到平民都缺乏正规法律教育，不仅官员缺乏可行的法律知识，百姓也只能通过俚俗小说、戏剧等渠道零星获取不尽准确的法律知识。①

上述缺乏法律教育与法律知识的叙事，符合一度占据主流的假设：传统中国司法体系是失败的。清代法律制度、机构的无分权制衡、无正当程序、不尊重人权、不存在民法等，与近代西欧有活力的、先进的法制是截然相反的。清代法律被视为专制统治的工具，令多数民众在遭遇困境时望而生畏，不敢诉诸法律与求助于司法机构。②然而近年来研究者基于新近开放的地方法律档案，开始质疑以往有关传统中国法律制度的叙事，尤其在司法实践层面。他们发现清代社会风气比之前预想得更加好讼，民众诉诸公堂以解决纠纷的情况并不少见。诉讼成本未见得像一些学者设想的那样高昂，地方官也通常是根据《大清律例》中的律例条文来做出判决。③不少"新清代法制史"的研究成果暗示，无论是官员还是百姓，皆不同程度地对法规与司法程序有所了解。不过，这些研究都未能阐释官民究竟如何获取法律知识。即便学界开始认同清代法律的存在，有关清代法律教育稀缺、法律知识匮乏的说法也未受到根本挑战。

有清一代，可靠的法律信息大多以书籍形式传播，但研

---

① Wejen Chang, "Legal Education in Ch'ing China," 292–302.
② Sommer, "The Field of Qing Legal History," 113.
③ 相关论证，参见 Philip Huang, *Civil Justice in China*；Bernhardt and Huang, eds., *Civil Law in Qing and Republican China*；Bradly Reed, *Talons and Teeth*；Macauley, *Social Power and Legal Culture*.

究出版文化史的学者大多更关注印刷技术革新与制作精良版本的宋代和晚明。而在清代审查制度的严格管控下，书籍印刷和书中插图的品质降低，江南地区曾繁盛的出版中心日渐衰退，这些因素使得清代出版史的研究长期不受重视。①然而，正如包筠雅（Cynthia Brokaw）在她关于清代出版史的开创性专著中所论证的，与品质衰退伴生的是出版书籍数量激增，阅读受众大大扩展，书价降低及出版业由中心向偏僻地区扩张。② 不过她关注的福建农村出版中心四堡，法律读物刊印不多。近年来，一些历史学者已开始调查明清官箴书、讼师秘本、日用类书等几类读物中的法律知识，但对商业印刷革命之于法律文化的影响尚缺乏系统分析。③

本书探讨清代法律知识的出版、传播与接受，关注法律

① 关于宋、明出版文化的讨论，参见大木康『明末江南の出版文化』；Chia, *Printing for Profit*；井上進『中国出版文化史——書物世界と知の風景』；Chow, *Publishing, Culture, and Power*；Brokaw and Chow, *Printing and Book Culture*；Yuming He, *Home and the World*.

② Brokaw, *Commerce in Culture*.

③ 徐忠明、杜金：《传播与阅读：明清法律知识史》，北京大学出版社，2012；夫马进：《讼师秘本〈萧曹遗笔〉的出现》，郑民钦译，杨一凡总主编《中国法制史考证》丙编第4卷，中国社会科学出版社，2003；夫马进：《讼师秘本的世界》，李力译，《北大法律评论》2010年第1期；龚汝富：《明清讼学研究》，商务印书馆，2008；Will, *Official Handbooks and Anthologies*；魏丕信：《明清时期的官箴书与中国行政文化》，李伯重译，《清史研究》1999年第1期；魏丕信：《在表格形式中的行政法规和刑法典》，张世明译，《清史研究》2008年第4期；尤陈俊：《法律知识的文字传播：明清日用类书与社会日常生活》，上海人民出版社，2013；陈重方：《清代检验知识的常规与实践》，《清史研究》2018年第3期；陈重方：《〈洗冤录〉在清代的流传、阅读与应用》，《法制史研究》第25辑，2014；陈重方：《乾隆八年〈大清律例〉的颁行》，《法制史研究》第29辑，2016。

信息通过书面和口头的流传及其在早期近代（early modern）① 中国法律文化塑造中的作用。本书结合近年来在出版文化史与法制史领域的学术研究方法来论证从晚明（1550年代）延续到清的"商业出版革命"（commercial printing revolution）对法律信息的传播方式产生的重大影响。在此之前，有关国法的书籍大多由官方机构印行，精确的法律信息总体上被限定在官府内部流通。但从晚明之后，越来越多的商业书坊参与法律书籍的编纂、印刷和销售环节，它们的产品包括司法系统中最权威法律文本——律典。事实上，清代恰恰是法律书籍出版业的勃兴时期。

分析清代武英殿修书处及其他官方出版机构的史料可知，朝廷并未给司法官吏提供充足可用的清律版本（《大清律集解附例》或《大清律例》）。官府出版的清律成本高昂、更新缓慢，且印量少，仅发给高级官僚。在笔者找到的131种清律版本中，只有11种是官方刊印的。官方版清律数量少，官民从律典中获取明确法律知识的意愿与需求均难满足。在此背景下，坊刻版繁荣起来。多数清代法律书籍为坊刻本，在书籍市场上可自由流通，只要买得起，任何读者都可以购买。

书坊和没有官职的编者（多数是幕友），在向官员提供最新版清律方面发挥了主导作用。仔细比较国家版与坊刻版清律可发现，坊刻版清律并非官方版的简单复刻。出版商与私人编者重新定义了律典的印刷范式，使用多栏印刷而非传

---

① 对于中国"早期近代"的时间界定，学界颇有争议。本书采用美国中国学界比较普遍的观点，认为"早期近代"中国始于明末而终于清末。

统的单栏印刷，并添加了大量未经官方授权或认可的附带法律信息，如私人律学注释、则例、成案等。到了18世纪晚期，杭州书坊刊刻的诸版清律异军突起，书坊和幕友建立起汇编和刊印清律的自有标准格式，这与国家授权版清律有很大的差别。这些杭州坊刻本迅速占领市场，成为在清代司法系统和社会中最广为流传、权威有效的清律文本。1800年以后，几乎所有清律的坊刻本都舍弃了国家版体例，内容与格式均紧跟杭州坊刻的清律版本。

法律知识的商业化增强了私家律学著述和成案的司法权威性，这些内容与国家颁布的律例文本一起印刷在坊刻本清律中。清代官员的司法决策频繁参考私家律学注释和成案。州县官员如办理杜怀亮案的县令那样，未受多少正规法律训练，也很难得到一部官府出版的清律。但是，由于商业出版的勃兴，官员不难买到坊刻版律例及其他法律书籍。而且坊刻版清律内容丰富，版式便于阅读，有助于官员断案时在其中顺利找到具体条款。官员易于获取法规，也就支持其更频繁地基于清律来审断案件。

与国家不重视官员法律教育的旧印象大不相同的是，本书揭示了清政府围绕官员法律训练专门制定了行之有效的规则，统治者尤其强调初仕州县官员的法律知识学习及训练。朝廷本身虽然不向官员提供正式法律教育，但鼓励那些通过选拔考试、等待分配的候补官员购买和阅读各种法律书籍，其中包括清律、各类行政规章、官箴书、法律著述等。在晚清，国家还为他们设立了法律考试，要求候任者在被实际任命前应通过这个考试。由于认识到上任后必须具备一定的法律知识才能在复杂的法律环境中办案及其对于施政的重要性与必要性，很多官员重视阅读法律书籍，并从中获取有用知识。

商业出版革新也使得官员之外的群体更便于获取法律知识。讼师秘本作为一类新的法律印刷品，在非精英的读者群体中非常流行。这种通俗法律手册将复杂的法律规则与术语用让人更容易理解的形式进行解释，比如歌诀体或问答体。此类书籍将对民众有用的法律信息和诉讼技巧一同传授。在畅销的讼师秘本中，律法和刑罚被视为工具，任何人都可利用甚至滥用来达到自己的目的。换言之，通俗法律读本使法律大众化与庸俗化，允许和鼓励读者去使用甚至滥用法律和司法系统来解决他们的问题。中华帝国晚期的通俗法律读物史，在书籍市场商业出版如何挑战国家管控方面给我们提供了又一例证。

在清代，朝廷和官员认真致力于通过组织地方上的道德与法律宣讲来向大众传达律典中的法律信息。此类知识以口语传授，包括百姓生活中常见的有关民事、刑事的重要法规，意在警示百姓免触法禁，从而巩固公共秩序和加强道德教化。朝廷不仅在内地推进这些宣讲，还在非汉人聚居的边疆组织类似的宣讲。清政府通过正统法律信息的传播，力图在边疆建立司法权威，巩固统治，移风易俗。得益于商业出版的清律、通俗化的法律书籍、圣谕宣讲，清代官民史无前例地通过文本、宣教等形式广泛接触了法令与刑律。

然而法律知识的大众传播是把双刃剑。一方面，法律信息，尤其是涉及刑罚的信息能震慑百姓，官员将法律看成道德教化与预防犯罪的必要途径。另一方面，法律知识也有其力量和潜在风险性，即当百姓熟知法律时，他们就更倾向于利用法律来实现个人目的。一些清代统治精英担忧百姓一旦过于了解法律，会变得好打官司，将扰乱社会稳定，会给早已负担过重的司法体系增加负荷。换言之，国家传播法律来进行道德教化和预防犯罪的旨趣，与对了解法律知识将导致民众对法律的操纵与滥用的担忧之间存在张力。这种紧张根源于儒家经典对法律知识模棱两可的矛盾情绪。譬如《周礼》中认为善政应公布法与刑，令百姓周知，其他儒家经典则暗示了对法规、法律知识与诉讼的厌恶与不信任。这种张力和含混影响了清代对法律书籍出版和地方法律文化的官方态度与国家政策，也影响（往往削弱）了朝廷管控法律知识传播的能力与意愿。

本书挑战了前人诸如清代官方垄断准确的法律知识、官民对法律均缺乏了解等观点，书中论证，早期近代中国商业出版的变革从根本上改变了司法系统与法律文化。得益于坊刻法律书籍和地方法律宣讲，清代法律知识是普及的，便于官民获取。主导精确法律知识生产和传播的是民间市场而非国家机构，清代司法体系依赖该市场来及时获取信息。坊刻书商和私人编者通过以《大清律例》为典型的法律书籍的出版流通，对法律体系进行重新定义，引入新的司法权威。坊刻法律书籍也改变了大众的法律观念，培养了清代社会中的大众法律意识。法律书籍商业性印刷贸易的繁荣，有助于塑造以精确法律知识自由流通、私家法律专家涌现、了解一定法律知识的民众增加及民间社会诉讼率较高等为特征的早期近代中国的新型法律文化。

以下三类文献是本书的核心材料。

第一，清代已出版的法律书籍。依据世界上几大图书馆的典藏，笔者搜集了《大清律例》的 131 种版本,^① 其中有许多种版本从前或不为人知，或未经审阅。笔者还细阅了超过 65 种讼师秘本、15 种用于乡约宣讲的法律读本，以及许多官箴书。这些书籍的题名、序跋、凡例、纸张与印刷质量等，为研究法律书籍的编纂者、编辑者与审校者、出版者、印刷者、目标读者等提供了宝贵信息。法律书籍的格式、结构与内容也为法律知识如何传播、传播过程中如何转化等提供了线索。

第二，清代法律出版行业文献。这部分材料涵盖官刻和坊刻，如北京武英殿档案、晚清一些省级官书局的文献、藏书家回忆录等。这些资料对清代官营书局和私营书坊的日常经营、印刷流程、成本与利润、书价与流通等方面都有丰富记载。

第三，清代有关法律规范与法律知识的政策法规，例如诏书、奏疏、实录、则例等。这些材料揭示了国家法规的多变与官员对法律信息在官场和社会中传播的复杂态度。中央、地方档案馆卷宗中的一些案例则反映了法律知识的传播是如何影响人们的法律决策与司法实践的。

---

① 这些图书馆包括中国国家图书馆、美国国会图书馆、东京大学图书馆、哈佛－燕京图书馆、早稻田大学图书馆、哥伦比亚大学东亚图书馆、HathiTrust 数字图书馆等。研究也涉及一些书目，如中国政法大学图书馆编《中国法律图书总目》（中国政法大学出版社，1991）；Will, *Official Handbooks and Anthologies.*

第一章　清代的立法与钦定版律典

　　清代立法者尽可能为官府和社会颁发与时俱进的法律，国家正式授权出版的律典至少有 8 个版本，以及 20 多个版本的《大清律续纂条例》。在适应社会和政治变化而进行法律修订，尤其修改条例方面，清朝统治者的态度要比前朝统治者更灵活。① 清代法律更新频繁，大量新例得以制定。立法活动固然重要，但与立法过程同等重要的还有法律知识的传播与接受。毕竟法律只有被切实传达，才能得到有效贯彻。频繁更新的法律需要高效的传播系统。对清朝这个拥有大量司法官员、运转庞大官僚机构的辽阔帝国来说，更是如此。

一　清以前国家法典的出版流通

　　成文法典是传统中国法律体系的重要组成部分。②各级司法官员以法典为案件审判与判决执行的标准。法典是皇帝政

---

① 　清朝立法史，参见郑秦《大清律例考析》，杨一凡总主编《中国法制史考证》丙编第 7 卷，中国社会科学出版社，2003，第 38 ~ 124 页；Zheng and Zhou, "Pursuing Perfection," 310 – 342.

② 　Bodde and Morris, *Law in Imperial China*, 55 – 63.

治权力的象征，是皇权控制国家和社会的工具，因而一朝法典的编纂和颁布权力由皇帝及朝廷操控。朝廷负责将生效法典和其他法规广为公布，以便各级官员都能实施和遵循法律。晚明（1550 年代～1644）以前，国家基本上垄断了法典的出版和流通。例如北宋中央政府明确规定印刷法律书籍为国家垄断，严禁法律书籍的私人和商业印刷。[①]如庆元年间（1195～1200）的敕文规定："诸私雕或盗印律、敕、令、格、式、刑统、续降条制、历日者，各杖一百。"[②]

与宋朝统治者相比，明代帝王对法典的商业出版和社会传播的看法更开明。宋代严格限制私家出版法律书籍，主要是顾忌其或许会将政府机密泄露给敌方。这种顾虑在明代已得到极大缓解，因此明朝政府对待私人和商业机构的出版活动要比宋代更宽容。[③]明朝统治者将法典视为移风易俗、恢复被蒙元统治破坏的中国文化和社会的根本工具，从而热衷于向包括官员、百姓在内的臣民宣传律典和其他法律。[④]虽然朝廷仍是律典的主要出版方，但许多地方政府已经开始参与律典、律学注释及法律读本的印刷出版。在晚明商业出版热潮中，一些私人和商家开始出版法律书籍。不过司法官员和官方机构在编辑出版《大明律》及其他有关朝廷法令的书籍方

① 张秀民：《中国印刷史》，上海人民出版社，1989，第 195 页。
② Miyazaki, "The Administration of Justice," 58. 由于材料稀少，宋代是否真正有效实施了这项禁令还有待考证。宋版并不多见，也许暗示宋代律典的印刷规模小，禁令有实效。参见薛梅卿《宋刑统研究》，法律出版社，1997，第 155～160 页。
③ Miyazaki, "The Administration of Justice," 59；张秀民：《中国印刷史》，第 188～198、334～339 页。
④ Farmer, *Zhu Yuanzhang*, 4；Jiang, *The Mandate of Heaven*, 55–58.

面仍发挥主导作用。①

二 清代律典与司法机构

作为官僚机构的组成部分，清代司法系统的结构和程序高度集中、管理规范。司法机构运作于四个行政层级，最基层的州县约有 1450 个。知县作为"父母官"，承担了辖区内几乎全部的地方治理职责，在当地司法行政中发挥最重要作用，通常负责初审、庭讯、报送案情并做出拟判。更上一层是府，约 180 个，主要司法职责是案件从州县到省级中间的审转。刑事重罪通常在省级机构审核，内地的 18 个省均设专职掌管省级审判的司法官员按察使。按察使判决需再经巡抚或总督批准，由督抚撰写报告提交中央司法机构复审。中央层级的司法机构主要包括刑部、都察院、大理寺。此"三法司"位于清代司法机构中的顶层，对省级司法机构的报告进行复核，对案件下达判决或提出建议，偶尔对严重案件进行重新审理。②

朝廷控制地方和省级司法机构的一个最重要方法，是所有笞杖刑以上案件自动进行审转复核。最基层的州县官只能对轻微案件做出判决并行刑。涉及徒、流、死刑的案件都要由不同层级司法机构进行严格的司法审查，从州县、府、

---

① 张秀民：《中国印刷史》，第 354~358 页；吴艳红：《国家政策与明代的律注实践》，《史学月刊》2013 年第 1 期；Wu Yanhong, "The Community of Legal Experts," 207–225.

② 关于清代司法机构的极简描述，见 Bodde and Morris, *Law in Imperial China*, 113–143.

省，再到中央机构，很多时候甚至是到皇帝。①虽然对案件进行自动司法审查的制度不是清代首创，但唯有清代在整个司法体系中认真、有效地贯彻了此制。从康熙朝后期开始，朝廷便设置了详细的行政处分清单，对审判错误的官员施加行政处分。②司法复核时如发现官员判罚失当（如错引律例）或违反标准司法程序（如审案中使用法外酷刑），官员将受到罚俸、降级、革职甚至笞杖刑等处分。③

错引律例是司法审查做出行政议处的常见错误。清代法律要求官员根据律例判决案件，第 415 条"断罪引律令"规定："凡（官司）断罪皆须具引律例，违者（如不具引）笞三十。"④尽管知县、知州在审判州县自理的轻微案件时未必始终遵循此律，但在所有需要上级机构司法审查的重案中，此律得到了严格贯彻。⑤中华帝国晚期法律的核心原则是"罪刑相当"，立法者在律例制定时试图预见特定罪行的任何可能变化，并对其中的每一项都指定具体刑罚。这种区分的目的是，使法律规定与可预见的犯罪情节一一对应，实现正义最大化。⑥但在司法实践中，官员很难从律典中找到能完美适用的律例，因为真实的犯罪情节往往千变万化，很容易超出法律规定的各种具体罪行。

---

① Bodde and Morris, *Law in Imperial China*, 115 – 116.
② 邱澎生：《当法律遇上经济：明清中国的商业法律》，五南图书出版公司，2008，第 103～108 页。
③ 白阳：《清代错案追责制度运行中的困境及原因探析》，《浙江社会科学》2019 年第 7 期。
④ Jones, *The Great Qing Code*, 396 – 397.
⑤ 州县层级断案，参见 Sommer, *Polyandry and Wife-Selling*, 341 – 375.
⑥ Bodde and Morris, *Law in Imperial China*, 30 – 31.

　　清朝法律的频繁修订增加了为犯罪情节选出相应律例的难度。律典主要由律文和例文构成。"律为常经"，"代表稳定不变的基本法律原则"。①清朝统治者很少更订律条，从清初到 1740 年，律条的变化仅是从 459 条减少到 436 条。②1741 年至 20 世纪初法律改革，律条的数量和内容基本未变。但条例相比律条则更有针对性，条例往往是应时应事而立，反映了不断变化的国家政策和社会环境。清朝统治者经常修订、调整、新增或删除条例。有清一代，条例数量从 449 条增加至 1892 条。③条例的创设通常有三个契机：皇帝下旨，官员提议或法司建议（尤其是刑部集体决策），以及更常见的"成案"。④由于条例比律条更具体、更及时和更实用，如果律、例对同一案件都适用，法官通常愿意依例判决。⑤清朝法律也要求官员根据更新的法律做出判决，第 43 条 "断罪依新颁律" 云："凡律自颁降日为始，若犯在已前者，并依新律拟断。"⑥如果官员引用过时律例判案，可能会受到制裁。

　　司法官员承受的巨大压力来自他们在审判案件时必须选择最适当和最新的律例。根据司法复核程序的严格规定，错引律例可能受到严厉制裁。司法官员大多没有接受过正规的法律培训，官员学习法律和做出判决的最重要途径是查阅包

---

①　Bodde and Morris, *Law in Imperial China*, 63.

②　Zheng and Zhou, "Pursuing Perfection," 317, 332.

③　郑秦：《大清律例考析》，杨一凡总主编《中国法制史考证》丙编第 7 卷，第 43、95 页。

④　杨一凡、刘笃才：《历代例考》，社会科学文献出版社，2012，第 278 ~ 293 页。

⑤　Bodde and Morris, *Law in Imperial China*, 67.

⑥　Jones, *The Great Qing Code*, 74.

括律典、案例汇编和律学著述的法律书籍。其中律典作为法律世界中最权威的资料，对司法工作者至关重要。司法官员及其幕友需要仔细阅读律典，寻找最适当和最时新之律例来做出判决，尤其在审理那些将在司法复核程序中被审查的案件时更是如此。清代司法机构分布广泛、管理严格，要维持其正常运作，就需要更新及时、使用方便的律典版本及其他最新法律信息的有效传播。

三　清前期的立法和国家出版的律典

1644 年清军入关后不久，摄政王多尔衮便以"详绎明律，参酌时宜"为指导，命令官员准备编纂正式律典向天下万民公布。①顺治二年（1645）五月启动了第一版律典（"顺治律"）的编纂。②官员仅用了大约三个月就完成了首次编纂，八月将完整的草案送到内三院（清初主要政策制定机构）进行审查。③刑部完成律典起草后，印刷律典的刻版工作也开始了。刑部两名官员负责监督组装木刻版准备印刷。木刻和印刷可能是在经厂进行的，经厂是明代朝廷的主要出版机构之一，清廷继承下来，在清初充当官方出版机构。④律

---

①　《清实录》第 3 册，中华书局，1985，第 75 页。

②　沈家本：《寄簃文存》，台湾商务印书馆，1976，第 2267 ~ 2268 页。

③　《大清律集解附例》，出版者不详，1670，"刚林奏疏"，第 1a ~ 2b 页［下文简称《大清律集解附例》（1670）］；《吴达海奏折》（1646），沈家本：《寄簃文存》，第 2267 ~ 2268 页。另见 Zheng and Zhou, "Pursuing Perfection," 313. 关于内三院的更多情况，参见 Hucker, A Dictionary of Official Titles, 348.

④　曹红军：《康雍乾三朝中央机构刻印书研究》，博士学位论文，南京师范大学，2006，第 14 页。

典在被内三院审查时，其刻版工作就着手进行了；待律典完成修改后，刑部派一名官员核对刻版并修改其中的错误。①1646 年，此书呈送皇帝做最后审核。多尔衮似乎对此版律典的质量并不满意，决定将其送回内三院，令官员更小心细致、逐字逐句地重新审核校对。一年后修订完成，"顺治律"终于以《大清律集解附例》之名出版。②

"顺治律"也许是清朝中央出版机构刊印的第一部由国家授权的书籍。虽然朝廷谨慎保管文档，但初版"顺治律"很难找到，原因可能是印量有限。如今，学者只能根据重印本推想"顺治律"的形式和内容。③"顺治律"30 卷，包括459 条律、449 条例，形式和内容都大量借鉴了明太祖朱元璋颁布的《大明律》，并深受晚明各种注释版律典的影响。④

仅极少数官员能接触到"顺治律"的刊本，包括朝廷的一些高官，以及省级官员如督抚和按察使。顺治朝官员抱怨律典稀少难觅。例如给事中魏裔介 1655 年奏称："今天下各衙门止有律书一部，锁闭深藏，小民不得与闻，故犯法者甚众。"⑤他建议朝廷下令让督抚将律典内容中"有关于民者，摘而刻之"，但朝廷似乎没有认真接纳此建议。整个顺治朝，官方出版印刷的律典很少流通于世。

① 沈家本：《寄簃文存》，第 2267 ~ 2268 页。
② 《大清律集解附例》（1670），"刚林奏疏"，第 2a 页。
③ 曹红军：《康雍乾三朝中央机构刻印书研究》，博士学位论文，南京师范大学，2006，第 14 页；苏亦工：《顺治律考》，杨一凡总主编《中国法制史考证》甲编第 7 卷。
④ 郑秦：《大清律例考析》，杨一凡总主编《中国法制史考证》丙编第 7 卷，第 43、47 页。有学者认为"顺治律"原有 458 条律，参见苏亦工《顺治律考》，杨一凡总主编《中国法制史考证》甲编第 7 卷。
⑤ 《清实录》第 3 册，第 699 页。

到了康熙朝，朝廷从事更多的书籍印刷和文化生产。1680 年朝廷设置的武英殿造办处（1729 年更名为武英殿修书处，下文按惯例只称武英殿）很快取代经厂，成为朝廷主要图书印刷出版机构。康熙帝大力印刷书籍，特别是儒家经典、辞书和文学作品集，将此作为赢得汉人士子支持和树立朝廷文化权威的手段。康熙朝官方至少出版了 56 种书籍，共计 5596 卷。① 这一时段的殿版书籍以质量上佳而著称。清代著名学者金埴高度评价康版书，认为"超轶前后"，"更在宋版书之上"。②

相比当时蓬勃发展的书籍印刷业，康熙朝律典的制定和出版过程颇为艰难。康熙帝似乎无意给官僚机构配上更新后的律典，而对致力于向文化界提供高质量的经典和文学作品更感兴趣。他也不打算利用朝廷中不断发展的印刷机构来刊印律典。康熙朝的修律进程极为迟缓。虽然顺治朝末年皇帝就觉得有必要修律，并命令官员准备将更新后的条例和规章纳入律典，但这项活动直到雍正朝才得以完成。"顺治律"颁布七十余年后，清代第二个钦定版本的律典即"雍正律"（1725 年颁布）才得以出版。③康熙朝的主要立法工作是编纂《刑部现行则例》，即康熙朝新增条例的合集。由于"顺治律"仓促修成，许多律例直接照搬《大明律》，未及删除或修改。"顺治律"颁布后，有不少源自司法和行政实践的新

---

① 曹红军：《康雍乾三朝中央机构刻印书研究》，博士学位论文，南京师范大学，2006，第 14 页；肖力：《清代武英殿刻书初探》，《图书与情报》1983 年第 2 期，第 56 页。

② 金埴：《不下带编》，王湜华点校，中华书局，1982，第 65 页。他评价的书由扬州诗局刻印，扬州诗局是康熙朝设在扬州的分支出版机构。

③ 《清实录》第 3 册，第 913、944、1036、1096 页。

案例、新法规出台，它们与过时的律例发生冲突，阻碍了官僚机构和法律制度的正常运行。

1667 年，康熙帝开始重视新制定的规章制度。1668 年，他令刑部"酌定现行则例，详晰分款，陆续进览"。① 12 年后的 1680 年，新版条例被冠以《刑部现行则例》的书名出版。② 可能是因为印量太少，1680 年版的《刑部现行则例》现已非常少见。整个康熙朝，《刑部现行则例》和《大清律集解附例》分属两书，由内府或刑部出版，供少量负责司法审判的高级官员使用，包括六部、都察院、外省驻防满洲将军、各省督抚及按察使等。③刑部似乎不负责给省级以下的官员提供律典，如同样必须在日常工作中使用法律、处理案件的府、州、县官员。刑部曾建议省级官员重印律典并分发给下属，但现存版本中几乎无法表明康熙朝的省级官府照办过。

除康熙朝官僚机构缺乏正式印刷的律典之外，当时的官员面临的另一个重要问题是律典与现行条例中的法律规定不但被分隔开来，有时还无法兼容。甚至在《刑部现行则例》编成以前，一些官员就开始注意由旧律典与新规定之间的矛盾引发的问题。1664 年，刑部建议将现行规章制度纳入律典，将修订后的律典分发给各省高官参考。④此建议虽获得皇帝批准，却看不出曾付诸实践。1671 年，刑部给事中张惟赤再次上奏指出律典与新例分离所导致的问题，督促朝廷编定

---

① 《清实录》第 4 册，第 368 页。
② 参见郑秦《康熙现行则例考——律例之外的条例》，《历史档案》2000 年第 3 期，第 88 页。
③ 《清实录》第 4 册，第 505 页。
④ 《清实录》第 4 册，第 195 页。

容纳所有更新后律例的"全书"给天下万民遵守。他说："顺治初年即经部院诸臣校定《大清律》一书……但查历年以来，续有更定新例，每称不必入律，留此例行，因而至今律自为律、例自为例，两不相合。"①

张惟赤随即列举了他审查各省案件时发现的两例问题，指出不同省份所办之案，根据律典或新例对相似案件的判刑不同。他还注意到，虽然官方版律典不包含新例，一些坊刻本却载入了新例。他认为这相当棘手，因为这些"非经钦定之本"的商业版本只包含部分新例，很容易导致混乱。张惟赤认为这不但有损司法系统，还容易导致官吏利用法律的分歧来谋取私利。②朝廷应令官员编纂内容完整的律例全书并尽快出版。

> 乞皇上敕部即将大清律原本详对新例，续经题定者皆照原律开载之法，凡有条例，各于律文本项之后一一随类注入，务使次第井然。如此则律例统贯总成一书，凡听断官员执此一编，随事开卷，无不一览在目，不烦检阅之劳，永无异同之失矣。③

可惜的是康熙帝并未重视张惟赤的奏议，也许是朝廷当时专注于其他如巩固领土、镇压叛乱等更严重问题。

---

① 张惟赤：《入告编》下编，《海盐张氏涉园丛刻》，《丛书集成续编》第58册，新文丰出版公司1988年影印本，第15b页。
② 张惟赤：《入告编》下编，《海盐张氏涉园丛刻》，《丛书集成续编》第58册，第16a页。
③ 张惟赤：《入告编》下编，《海盐张氏涉园丛刻》，《丛书集成续编》第58册，第16b页。

律典与新例的分离导致的窘境仍在持续。1689 年，帝国基本平定，都察院御史盛符昇提议将更新后的条例纳入律典。这次康熙帝采纳了建议，任命几位刑部高官作为总主编。律典的修订工作正式开始，主要任务包括将现行条例纳入律典；纠正律典满文版的错误；删除重复和过时的律例；选择新的行政规章纳入律典；精选和增补对律典条文的解释和注释，使规范中的模糊之处明确化。但修订工作进展缓慢，19 年后的 1707 年，草稿才完成并提交给康熙帝。①康熙帝此时已失去兴趣，可能是他忙于解决子嗣争夺皇位之事，而法律的残酷和刑罚令他痛苦。他既不发还稿件，也不批复，修律随即中止。康熙朝官员编成一部完整律典的努力终告失败。

四　雍正、乾隆朝的立法

1722 年，康熙帝去世，四阿哥胤禛继位，为雍正帝。不同于其父对小政府、宽法规的钦慕，雍正帝寻求建立基于坚实财政收入和有效法律法规的高效官僚机构。②他很快就认为法典中新旧条款的冲突是不能容忍的。刚登基一个月，他就向各省按察使颁发上谕，批评法律体系中普遍存在的腐败和渎职。上谕中指出，腐败的重要原因之一是法律不明确："或

---

① 《大清律集解附例》，武英殿 1725 年版，"图纳奏疏"，第 6a～8a；"张玉书奏疏"，第 10b～11a 页；"佛格奏疏"，第 13a～13b 页。下文简称《大清律集解附例》（1725）。
② 雍正朝的政策与改革，参见 Zelin, *The Magistrate's Tael*, 72–220.

有两例并见，辄上下其手，以遂自私，安得无冤狱哉?"①因此，官员将律典与现行条例加以整合并出版新的法律全书的提议很快获准。律典编纂在 1723 年正式启动，修订工作进行得顺畅且迅速，1725 年定稿。②

雍正朝律典相比顺治朝律典有重大修改，将私人、官方的律例注释即"总注"纳入律典。《刑部现行则例》也终于被纳入律典，圆了清朝立法者半个世纪以来的梦想。雍正朝律典的编者将律条从 459 条减至 436 条，但条例从 449 条增至 824 条，还将条例分为三类：原例（"顺治律"中的 321 条旧条例）、增例（康熙朝制定的 299 条条例）、钦定例（康熙朝后期及雍正朝前期制定的 204 条新条例）。③换言之，雍正朝律典是清朝法制中一部包含所有最新重要律例的"全书"，旨在作为清朝法典的"定本"供臣民遵守。

乾隆帝在登基的当年就决定修律，以纳入新例、删除旧例，并调整一些他认为过于严苛的法律。他指派律例馆作为新的律例修订负责机构。④经过五年修改，1740 年，律例馆提交的最终草案得到他的认可。此次修订是对律典的重要修改，确立了清代中后期钦定版律典的基本结构和内容，直到 20 世纪初的清末法律改革才再次改变。这次修律的主要改动

---

① 《清实录》第 7 册，第 74 ~ 75 页。

② 《大清律集解附例》（1725），"佛格奏疏"，第 12a ~ 14a 页；"御制序"，第 3a ~ 3b 页。

③ Zheng and Zhou, "Pursuing Perfection," 328 - 330. 又见《大清律集解附例》（1725），"凡例"。

④ 《大清律例》，田涛、郑秦点校，法律出版社，1999，第 16 页。下文简称《大清律例》（1999）。

体现在三个方面。第一，编者系统删除了"雍正律"中的"总注"，理由是这些注释往往源自不够权威可靠的坊刻本法律书籍，容易导致律典内容驳杂和含混。第二，律条数量不变，条例从 824 条增至 1042 条，新条例主要来自 1727 ~ 1739 年刑部新例。第三，乾隆朝律典对许多条例重新排序，摒弃了"雍正律"对条例按时间排序的标注。乾隆朝律典中的条例均按内容分类编排。①

这次修订确立了此后律典修订的新标准。此后每三年进行一次条例修订和汇编，由律例馆负责，修律工作包括审查与司法行政相关的诏令和奏折，编选为条例；整理新旧条例，删除过时和冗余之例；列出应补充、更改、移改或删除的条例；汇编成稿，送武英殿刊印。②这些新例汇编被命名为《大清律续纂条例》或《大清律纂修条例》（以下简称"续纂条例"）。后来这些扩展的条例成为官员获取最新法律的重要渠道。1746 年，在第二次修订新例后，乾隆帝认为条例三年一修太频繁，将修例改为五年一次。③自此之后，条例每五年修一次。从 1743 年到清朝最后一次修例的 1870 年，条例至少修订了 23 次。

如表 1 - 1 所示，1743 ~ 1852 年的条例修订都是相当规律的五年一修，110 年间出版了 18 个版本的"续纂条例"和 4 个版本的《大清律例》全书。太平天国运动开始后，忙

---

① 《大清律例》（1999），第 27 ~ 28 页。另见 Zheng and Zhou，"Pursuing Perfection," 332 - 333.

② 《大清律例》，武英殿 1870 年版，"刑部奏疏"（1870），第 1a ~ 3a 页。下文简称《大清律例》（1870）。

③ 《大清律例》（1870），"刑部奏疏"（1870），第 1a ~ 3a 页。

于战事的清廷中止并忽视了修订法典。1863 年即将赢得战争
的朝廷才正式恢复法律修订程序，试图重建法律与秩序。七
年后的 1870 年，律例馆最终提交了律典修订稿以供印刷。
这是清末法律改革前对律典的最后一次大修，①其产物即
1870 年版"同治律"，是清朝出版的最后一个钦定版《大清
律例》。

表 1-1　1740 年后的修例

年份	年份
1743（乾隆八年）	1805（嘉庆十年）
1746（乾隆十一年）	1810（嘉庆十五年）
1751（乾隆十六年）	1815（嘉庆二十年）
1756（乾隆二十一年）	1821（道光元年）
1761（乾隆二十六年）	**1825（道光五年）**
1768（乾隆三十三年）	1830（道光十年）
1773（乾隆三十八年）	1835（道光十五年）
1778（乾隆四十三年）	1840（道光二十年）
1783（乾隆四十八年）	1845（道光二十五年）
1790（乾隆五十五年）	1852（咸丰二年）
1795（乾隆六十年）	**1870（同治九年）**
1802（嘉庆七年）	

注：加粗的年份代表出版了《大清律例》全书的"大修"，其他年份是只
编纂"续纂条例"的"小修"。年份通常指修订完成后书稿送往武英殿印刷的
年份。

资料来源：现存武英殿版《大清律例》和《大清律续纂条例》，以及《中
国法律图书总目》等法律书籍索引。

---

① 《大清律例》（1870），"刑部奏疏"（1870），第 1a~3a 页。

五 武英殿的刻书活动

自 1725 年刊刻"雍正律"始，武英殿刊刻了之后所有的钦定版清律。武英殿是清廷的主要出版机构，在清代中期相当活跃。雍正、乾隆年间，武英殿刊刻了图书 380 种，总量高达令人难以置信的 25982 册。①武英殿刊刻图书的题材与主题广泛，包括皇帝著作、儒家经典、历书、医书、字典、辞书、史书、诗文集、各种法律与行政规章。武英殿修书处由内务府管辖，其书籍印刷和出版活动通常由皇帝直接下令，一般而言服务于皇帝的政治目标。通过由武英殿编辑、印刷和发行的书籍，朝廷不但希望树立自己作为正统文化赞助者（legitimate cultural sponsor）的形象，而且要在文学、历史、宗教、法律法规等领域编制标准文本，以确保朝廷的文化和政治权威。

正如其他中央机构一样，武英殿的运作遵循严格而详细的行政法规。官员和长期工匠的人数、级别、薪水都是固定的。②内务府要求其每年汇报运行情况，包括收支、印刷和出售的书籍数量、官员和工匠工资、购买和消耗的原料数量等。连采购原料的价格和质量都有详细规定。任何违背或逾越固定规程的行为，都要求武英殿官员得到皇帝或内务府的

---

① 肖力：《清代武英殿刻书初探》，《图书与情报》1983 年第 2 期，第 56 页。
② 昆冈：《钦定大清会典事例》，商务印书馆 1908 年影印本，卷 1173，第 7b～9a 页；卷 1199，第 1b～11a 页。又见杨玉良《武英殿修书处及内府修书各馆》，《故宫博物院院刊》1990 年第 1 期。

许可。①有关武英殿运营的各种详细规定，虽然在一定程度上规范了图书生产的过程与成本，但是限制了其刊刻与出版的效率，削弱了其应对社会与市场变化的灵活性。

武英殿出版图书相当耗时，因为官员和工匠的首要任务是保证图书质量而非出版效率。根据相关行政法规，编辑和印刷中的微小错误或差异都将导致负责官员和工匠被罚俸甚至被降职。图书出版需要经过一系列烦琐的校对流程，书稿和样书要在编辑者与印刷者之间来回传送以供核对。② 雍正、乾隆年间，由于每道工序没有明确时限，所以武英殿出版一种书通常得花上好几年。嘉庆朝之后的情况更糟，刊印卷数较多的书籍可历时十数年之久。武英殿的出版效率，在出版儒家经典、字典、史书、文学书、医书等内容不常更新的书籍方面尚可以应付，但在律典和续纂条例这样内容不断更新的书籍方面则受到了相当大的挑战。事实也的确证明，武英殿无法及时为官僚机构和社会提供充足的新版律典和续纂条例。

武英殿图书的主要流通渠道包括进献宫廷以供御用；皇帝作为礼物赐给官员和文人；以行政渠道发行；由负责售书的武英殿通行书籍处发售给个人。武英殿图书只有少部分是以前两个途径流通，大多数通过行政渠道发行，主要供应各级官员和国子监学生。③

武英殿刊刻的新版法律法规通常以行政渠道向日常管理

---

① 翁连溪编《清内府刻书档案史料汇编》，广陵书社，2007，第 422、454、621~624、650~663 页。

② 翁连溪编《清内府刻书档案史料汇编》，第 484 页。

③ 杨玉良：《武英殿修书处及内府修书各馆》，《故宫博物院院刊》1990 年第 1 期，第 89~91 页；曹红军：《康雍乾三朝中央机构刻印书研究》，博士学位论文，南京师范大学，2006，第 27~29 页。

中需要这些书籍的官员发放副本，在京直接送给各部尚书，在外省则送到督抚处，再由督抚发给地方官。例如，1800年，《吏部则例》修成，武英殿给各省送了60部，由省级官员发给省内官员。[①] 该处有时也只给各省送一两个样本，刻版、重印与分发则是省级官府的责任。省级官府还通过行政渠道给基层重印和分发朝廷颁布的圣旨、则例和新例。[②]

有时，省级长官可以直接请求武英殿送一些当地施政急需的书籍。例如，1825年，吉林将军奏称自己辖区内"近来生齿日繁，刑名词讼之案倍增于前"，并抱怨衙门中"虽有嘉庆年间颁发清文条例，并无续纂清文户、礼、工部清文律例"。[③] 他请求道光帝命武英殿给他提供满文版的新修条例。

武英殿通过行政渠道发行的书籍是官府或学校财产，存放在库，通常锁在木柜中。建成书库是为了保护书籍，激发人们崇敬书籍，而不是方便读者阅读。这些书库不对外开放，书籍的利用有严格规定，即便是官员和学生，要拿到书也必须经过复杂的流程。[④]尽管这些规定旨在使书籍免受损坏

① 杨玉良：《武英殿修书处及内府修书各馆》，《故宫博物院院刊》1990年第1期，第90页。
② 例子见清史编纂委员会，朱批奏折数据库，档号：04-01-35-0912-038、04-01-35-0918-056、04-01-35-0920-009、04-01-35-0898-30、04-08-35-0917-020；南部县档案数据库，档号：451242-Q1-08-01015、451242-Q1-09-00491。陈重方：《乾隆八年〈大清律例〉的颁行》，《法制史研究》第29辑。
③ 清史编纂委员会，朱批奏折数据库，档号：04-01-38-0026-026。
④ 例子见中山书院藏书规章，汤椿年：《钟山书院志》，1725年本，朱同芳编《南京稀见文献丛刊》，南京出版社2013年影印本，第39页。又见肖东发、袁逸《略论中国古代官府藏书与私家藏书》，《图书情报知识》1999年第1期，第3页；傅璇琮、谢灼华主编《中国藏书通史》，宁波出版社，2001，第798、803~810页。

或被偷窃，但有人抱怨衙门或学校的书库"锁闭深藏"，读者很难找到、阅读它们的藏书。①

个人读者最常见的读到武英殿书籍的途径不是通过上述藏书库，而是购买重印版或通行版。清廷鼓励地方官府及个人，有时甚至包括商业出版者翻印武英殿书籍。对武英殿印刷的经、史等有利于文化界的书籍，清廷通常要求各省布政使根据殿版风格和内容重刻木版。刻版完成后，个人或出版商想重印的可以向布政使书面提交正式申请，获批后便可自备纸墨到布政使衙门中印刷木刻版书籍。但很少有个人或书商愿意到布政使衙门重印木刻版，可能是因为申请重印许可的行政程序烦琐，或是印制过程中衙门胥吏的勒索。②

另外，官民还可直接从武英殿购书。康雍时期对此无明文规定。乾隆初年，随着武英殿印刷书籍数量增加，需求量增加，武英殿官员着手起草书籍销售规章，1742年由乾隆帝批准，内容包括现任官员可购买其所存书籍，买者通过所在部门提交申请和付款，武英殿收到后向官员提供书籍；致仕官员和平民也可购书，需要通过翰林院申请和付款；允许官员利用武英殿木版重印书籍供自己使用。③

两年后，即1744年，武英殿成立了通行书籍处，售书更为制度化。④该部门负责向个人读者出售武英殿书籍。尽管

① 《清实录》第3册，第699页。
② 昆冈：《钦定大清会典事例》卷388，第10b～15b页；杨玉良：《清代中央官纂图书发行浅析》，《故宫博物院院刊》1993年第4期，第91页。
③ 杨玉良：《清代中央官纂图书发行浅析》，《故宫博物院院刊》1993年第4期，第89页。
④ 杨玉良：《清代中央官纂图书发行浅析》，《故宫博物院院刊》1993年第4期，第89页。

售书规章和通行书籍处本身的设立都是要方便读者购买武英殿图书，但购书流程之复杂，令多数人望而却步。没有过硬人脉的普通人很难通过翰林院递交请求与付款来购买武英殿书籍。即使对官员来说，从武英殿买书也不容易，官员得通过所在部门提交正式申请，并等待本部门与武英殿沟通，书款从官员俸禄里扣，过程可能需要几天甚至几个月。①

通过通行书籍处售出的每本书都在该部门售书登记簿上留下了详细记录，包括书名、售价、买者的姓名和职业。现存一些同光时期的武英殿卖书底簿，多亏这些材料，我们才可了解买者是谁，从武英殿买了哪些书。1865~1871 年，通行书籍处共收到 46 人次的 70 笔订单，售出 766 册图书，年均 10 单、109 册。同治朝武英殿出版活动长期处于衰退状态，因此这一时期的图书销量可能少于清中叶鼎盛时期。因缺乏材料，清中叶的售书情况没有确切统计。根据 1792 年武英殿官员提交的财务报表，当年通行书籍处售出了 187 册书。②由于乾隆朝中后期武英殿的印刷出版业务最为活跃、书籍库存最为丰富，所以可粗略估计当时每年售书量约两百册，此后则逐渐下降，至同治朝每年售出约一百册。因此通过通行书籍处出售的书籍数量非常有限。

根据 1865~1871 年的销售记录，武英殿图书的购买者来自不同的社会群体，包括满洲郡王（20%）、中央政府官员和书吏（43%）、武英殿工匠（13%）和平民（22%），可见大多数买者是与清朝中央政府有密切联系之人，特别是

---

① 项旋：《清代殿本售卖流通考述》，《史学月刊》2018 年第 10 期，第 24 页。

② 翁连溪编《清内府刻书档案史料汇编》，第 400、689~721 页。

与内务府和武英殿本身关系密切者。例如，登记簿上名字缩写为"春"的武英殿员外郎下了 7 次订单，总计 89 册；折配匠赵俊英下了 7 单 96 册书，包括不少重复购买。[①]有些买者购书自用，有些则是替朋友购买，甚至在图书市场上转手出售。虽然更多读者可通过他们武英殿的朋友或在京师的书店获得武英殿图书，但考虑到武英殿售书量小（7 年仅 766册），读者可能不多。因此，通行书籍处所售书籍的受众不多，仅限某些社会群体。

　　总体而言，武英殿图书售价不贵，因为其并非牟利导向的出版机构，书价是基于材料和劳力成本加一些间接费用而定的。根据可能编纂于乾隆朝的《武英殿通行书籍目录清册》记载，通行书籍处大概出售 154 种图书，售价 0.007~14.6 两，价格根据书的篇幅和用纸而定。大部分图书价格不超过 5 两，有些甚至比书店售卖的同类书更便宜。以律典售价为例，殿版 40 卷本《大清律例》仅售价约 1.2 两（表 1-2），而书店贩卖的坊刻版价格为 2.4~7 两。[②]

　　通行书籍处销售的图书种类繁多，根据其 1865~1871年的销售记录，史书是最受欢迎的类型。7 年间武英殿售出史书 239 册，占总销量的 1/3。皇帝作品（191 册，占总量的 25%）、儒家经典（135 册、18%）和各类辞书（105 册、14%）也很受欢迎。但法律法规类书籍并不受读者青睐。从1865 年到 1871 年，只卖出一本与法令法规有关的书《督捕则例》，没有售出一部律典或续纂条例。根据《武英殿通行

---

① 翁连溪编《清内府刻书档案史料汇编》，第 689~721 页。
② 坊刻版律典的售价，详见本书第二章。

书籍目录清册》，通行书籍处售卖的清代法律书籍有 20 部
（表 1 - 2），约占 154 种图书的 14%。①但 1865 ~ 1871 年售出
的仅占总量的 0.1% 。从武英殿档案来看，原因尚不确定。
可能是通行书籍处的此类书籍缺货。更合理的解释则是，读
者对从武英殿购买此类书籍并不热衷，因为坊刻版律典和其
他法律书籍质量更好、内容更丰富，也更容易买到。

表 1 - 2　武英殿版法律法规类书籍定价

单位：卷，两

书　名	卷数	价格
大清律例（汉文版）	40	1.10
大清律例（满文版）	40	2.50
大清律续纂条例（满文版）	2	0.10
大清律续纂条例（汉文版）	2	0.05
大清律续纂条例，1743 ~ 1745（满文版）	3	0.15
大清律续纂条例，1743 ~ 1745（汉文版）	3	0.11
大清律续纂条例，1746 ~ 1750（满文版）	2	0.12
大清律续纂条例，1746 ~ 1750（汉文版）	2	0.08
八旗则例（汉文版）	4	0.67
八旗则例（满文版）	4	0.40
中枢政考（汉文版）	18	1.68
中枢政考（满文版）	18	2.94
进士条例（满文版）	6	1.15
大清会典并则例	120	12.46
科场条例	5	0.29
三流道里表	4	0.21

① 　翁连溪编《清内府刻书档案史料汇编》，第 689 ~ 721、738 ~ 751 页。

续表

书　名	卷数	价格
督捕则例（汉文版）	2	0.27
督捕则例（满文版）	2	0.33
吏部则例（汉文版）	28	2.77
吏部则例（满文版）	22	5.69

资料来源：翁连溪编《清内府刻书档案史料汇编》，第738～751页。

六　武英殿刊印的律典

有清一代，武英殿分别在 1725、1740、1768、1790、1802、1825、1870 年刊印了七版钦定版清律，平均每版间隔 20 年，平均每隔五年还出版了至少 18 版续纂条例（表 1 - 1）。由于法律通常在颁布后即刻生效，武英殿刊印的律典是清廷唯一认可的授权版，所以其有必要及时给国家机构提供最新的律典和续纂条例。但事实上由于武英殿的修订和印刷过程极其缓慢，完成律典这样多卷本书籍的印刷需要好几年。

律典的校对和印刷过程通常包括以下步骤。

第一步，律典增订本的草稿经律例馆整理后送武英殿校对。由武英殿的书吏根据印刷的风格与形式缮写样本一份。

第二步，样本完成后交律例馆校勘，与原稿比对，改正错误后送回武英殿。

第三步，武英殿官员收到修改稿后，命书吏重抄有错页面，再将修改稿发给律例馆官员再次检查。修改版往返于武英殿与律例馆之间，直到两个机构的官员都确认无误。

第四步，双方官员都同意定稿后，工匠开始刻版，所有木刻版完成后刷印几份样本，再送律例馆校对。

第五步，律例馆官员在样张上标出错误，武英殿工匠将错误之处重写并粘在木刻版上，删除相应有错版片。需要修改的木版刻好了才开始正式印刷。①

因此，校对刷印过程非常耗时，武英殿通常需要数年才能把书籍付印。当律典发生重大变化时，清代官员要想尽快颁布法律，只能采取临时措施宣传新法。例如，许多律例在1740年修律中变化显著，乾隆帝批准律典的修订稿后，刑部官员迫切需要实施新法，特别是那些比旧例减轻处罚的新例。他们认为，为了挽救百姓生命、显示皇帝仁慈，修订后的新例应当尽快生效。刑部左侍郎张照奏请："律例纂本告成，若待刊，尚需时日，请将副本先送过部，以便查照遵行。"②

乾隆帝批准此奏，约半年后又批准了巡视东城兵科掌印给事中吴元安的相似奏请。吴元安指出，直隶官员拿到武英殿印刷的律典得等上太长时间，请求允许这些官员派书吏到刑部去抄写新例。虽然有些官员可通过其他方式请求皇帝许可并获得新版法律条文，但清朝官民还是很难及时得到更新后的法律。例如，在1740年颁布律典的大约三年后，江苏按察使才收到一份武英殿刊印的《大清律例》。清中期之后则更加延迟，因为武英殿的出版效率由于预算紧缩和管理不善而显著下降。嘉道时期，武英殿需要10~20年才能印出

① 该流程基于曹振镛1820年奏折中描述的武英殿校对、印刷的通常情况，参见翁连溪编《清内府刻书档案史料汇编》，第484页。
② 《清实录》第10册，第922页。

一本多卷的书。①

钦定版律典的印量很小。比如 1740 年钦定本《大清律例》，武英殿经过三年的校对和印刷才生产了 150 份满文版和 350 份汉文版，只能送到高级官员所在的部门。负责此次修律的律例馆总裁官在奏折中提供了一份全面的接受律典者名录：在京，律典副本送至朝廷和中央政府主要机构，包括宗人府、内务府、内阁、六部、都察院、大理寺、翰林院、詹事府、八旗都统、九门提督衙门等；在外，送至省级民事、军事长官，如各省将军、副都统、提督、总兵、总督、巡抚、盐政、布政使、按察使、学政等，并解释了不送到省级以下官府的原因："至在外道、府、州、县，为数甚多，若皆从京颁发，不胜其繁。"② 他建议武英殿给各省布政使多送两份，让他们根据武英殿版本重新刻版印刷分发给下级官府，并允许商业出版者利用这些翻刻版重印。但能证明这种重印存在的唯一证据是 1743 年贵州总督的奏折，其中简单提到已根据武英殿版完成了律典翻印。③ 这种翻印活动似乎不算普遍，因为目前未见有翻印版存在。

殿版律典象征国家司法权威，封面用朱红色墨水印制，有个其他版本不被允许使用的独特装饰——律典的标题印在被飞龙环绕的方框中。官员收到殿版律典后，必须像收到其他御赐之物一样以最大敬意对待。比如 1743 年直隶正定总

① 《清实录》第 10 册，第 1032~1033 页；清史编纂委员会，朱批奏折数据库，档号：04-01-01-0101-045；翁连溪编《清内府刻书档案史料汇编》，第 484 页。
② 中研院历史语言研究所，内阁大库档案数据库，档号：019667-001。
③ 陈重方：《乾隆八年〈大清律例〉的颁行》，《法制史研究》第 29 辑，第 89~93 页。

兵收到殿版律典后记录了所履行的礼仪："随率领将弁，郊迎到署，恭设香案，望阙叩头领讫。"①他接着上奏折正式向乾隆帝表达感激之情。这部律典很可能被放入总兵府的书库。殿版律典是御赐之物与官府之产，要尊敬之，需要十分小心地阅读使用。现存殿版律典很少有使用痕迹，书页上几乎不存在标记、注释或磨损。这种情况说明殿版律典很可能是被珍藏起来，很少被人阅读。如果真有人读了这种版本，也一定是极其小心地阅读。

雍正年间和乾隆朝中前期，武英殿出版的律典质量较高，但乾隆朝晚期以后，由于武英殿印刷质量普遍下滑，律典质量也随之变差。②每版律典的实际尺寸不变，纸质没有明显差异，但刻版、墨色和印刷效果都急剧下降，尤其是嘉庆朝以后的版本。例如，1725 年版、1825 年版、1870 年版律典，有书名及飞龙印记的封面是全书中最精致的一页，代表了武英殿出品律典在刻板与印制上的最高质量。1725 年版封面的朱墨要比 1825 年版、1870 年版的更纯、更亮也更持久。相比 1725 年版封面，1825 年版律典封面尽管印刷于一个世纪后，但朱红色已经褪到几乎认不出。1870 年版更糟，不是饱满的朱红，而是花哨的粉红，环绕书名的龙纹刻得也比1725 年版粗糙。③

除封面外，这三个版本中其他页面的印刷质量也在下滑。1725 年版律典全文的字样刻得清晰、整齐，便于阅读。

---

① 中研院历史语言研究所，内阁大库档案数据库，档号：019044 – 001。
② 陶湘：《清代殿版书始末记》，《陶氏书目十二种》，武进陶氏 1936 年本，第 2 页。
③ 此分析基于美国国会图书馆藏 1725 年、1825 年、1870 年殿版律典封面。

虽然木版由不同工匠所刻，但字体风格统一。木版显然是新刻的，每笔边缘都清晰锐利。1825 年的殿版律典印刷质量大大逊色于 1725 年版，木版磨损，文字甚至难以辨认（图 1 - 1）。1870 年版的情况更糟，不仅字迹模糊不清、难以阅读，而且字体不统一，有些页面文字的字体明显有别于其他页

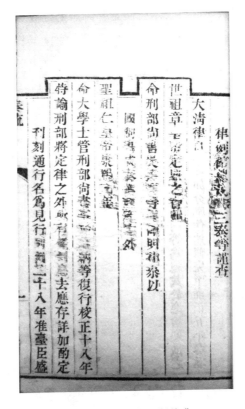

图 1 - 1　1825 年殿版律典

说明：1825 年殿版律典中的模糊字迹源于粗率印刷和刻版磨损。

资料来源：《大清律例》，武英殿 1825 年版，"三泰奏疏"，第 1a 页，美国国会图书馆藏。

面。总体而言，1725 年版律典从任何标准来看都是精美如艺术品；1825 年版律典的印刷质量差些，但仍然可读；1870 年版律典的印刷质量令人难以接受，文字看着难受，甚至辨认不出。

武英殿图书印刷质量下滑的重要原因是多年来一直使用同样的木刻版。取决于木材质量和刻版的细致程度，木刻版的使用极限从印数千份到两万多份。[①] 北京气候相对干燥，因此武英殿的木刻版储存多年后容易开裂。要想保持高质量印刷，武英殿要定期修复木版或重新刻版。但在印刷律典时，武英殿常常不重刻木版，而是使用旧木版刷印新版律例全书。尤其是在 1740 年后，律典结构或内容变化不大，每次修律，立法者增加新例、删除旧例，大部分内容则不做改动，因此武英殿通常无须重新刻版。多数情况是取下有内容变化的木版，替换上新的修改了内容的木版，与其他内容不变的旧版一起印刷。即便在武英殿印刷活动最活跃、财政保障最充足的乾隆朝，1740 年后的 50 多年里都没有重刻新版来印刷律典。1789 年，律例馆官员打算印刷更新后的律典，才发现旧版很多字符模糊不清，建议重刻所有木版，得到乾隆帝批准，[②] 但后来的殿版律典读者则没那么幸运。从后来版本来看，许多模糊甚至开裂的木版仍在使用。比如 1825 年版律典序言中佛格奏疏页面上有一处明显裂痕，说明印刷本页的木版业已存放、使用多年。1870 年版律典的同一页上仍

---

① Needham, *Science and Civilisation*, 5 (1): 370; Chow, *Publishing, Culture, and Power*, 34; Kornicki, *The Book in Japan*, 137.

② 《大清律例全纂》，姚观等纂修，杭州铭心堂 1796 年版，"奏疏"，第 8b ~ 10b 页。下文简称《大清律例全纂》（1796）。

有这一裂缝，而文字更加模糊（图 1-2）。显然，这块破裂的木版一直在使用。尽管利用旧版来制作新版律典的成本更低，但印刷质量也大大降低，使得武英殿版律典很难与坊刻本竞争。

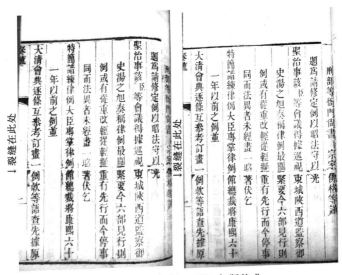

图 1-2　1825 年版、1870 年版律典

说明：1825 年版律典页面上的同一裂痕出现在 1870 年版律典，说明两个版本都使用了同一块开裂、磨损的刻版。左图为 1870 年版，右图为 1825 年版。

七　续纂条例的出版发行

与多卷本的律典相比，只包含修订后条例的续纂条例篇幅要小得多，因此印刷耗时短、费用少。例如，1740 年版律典共 47 卷，1746 年版续纂条例仅 2 卷。如表 1-2 所示，续纂条例的售价也低得多。根据《武英殿通行书籍目录清册》，

律典价格约 1.1 两，续纂条例仅售 0.05 两。据表 1−1，从
1746 年到 1870 年，清律正式修订了 22 次，但目前存世的只
有 5 个殿版清律全书。换言之，修律的多数结果是，仅续纂
条例被正式出版发行，而非整个律典。因此，续纂条例是在
清代官僚机构中传播新版法律的主要载体。

每一版续纂条例都包含最新修订的条例，通常分为五
类：续纂、修改、修并、移改及删除。① 续纂条例中的条例
根据律典中的律条顺序编制。换言之，每条条例都出现在基
于律典中律条分类的特定法律类别下。这种安排使得续纂条
例的读者更容易将律典中的律例与更新后的条例联系起来。
续纂条例的印刷风格严格遵循律典的印刷风格，尺寸和用纸
通常都相同，刻字大小和字体也相似。事实上，续纂条例的
每一页都设计成可以让读者将其插入律典的样式，而律典的
设计也是便于插入新例。在续纂条例的凡例中，编者详细解
释了这种设置。

> 律分六部，部各有总门，总门之下各有律目，例即
> 附于本律之后。查现颁律例，其律目纸尾各不相联，原
> 留续增地步以便检查。今将应纂条例某条应附某律，亦
> 各以律目为题，各不相连，字行体式悉仿现颁律例款样
> 则，分之各为卷帙，合之仍可叙装律例各条款之末。②

由于武英殿出版的所有律典都采用传统的线装样式，因

---

① 《大清律续纂条例》，武英殿 1743、1746、1752、1795、1853 年版。
② 《大清律续纂条例》，武英殿 1743 年版，"凡例"，第 1a ~ 1b 页。下文
简称《大清律续纂条例》（1743）。

此不难拆开原有页面，插入一些新页后重新装订。①此外，由于律典和续纂条例中的每一条律都另起一页，所以在律典中插入新页不会打乱原有内容。

每一版续纂条例印刷完成后，主要通过行政渠道发行。虽然有些版本的续纂条例在《武英殿通行书籍目录清册》中被列出向读者个人出售，但销量很少。②县级以上的官府是武英殿版续纂条例的主要受众。官员在报告律典修订过程的奏折中提到，他们将向内外问刑衙门分发续纂条例。在1789年的一份奏折中，官员提供了一份详细的收书名单，包括各直省督抚、将军和知府。③但承担地方司法行政最重要职能的知县则不在武英殿分发续纂条例的名单上。由于武英殿出版进度迟缓，刑部在武英殿印制的正式版续纂条例完工之前，就定期出版新定例或修订例。律例馆经常印刷续纂条例的草本，在修订工作完成后给官僚机构传阅。省级政府经常通过行政渠道翻印律例馆发布的新例，再向下级官府分发。④

①　根据包筠雅对四堡书坊的研究，装订过程被视为没什么技术含量的工作，村妇可以业余时间穿针走线、装订书籍。Brokaw, *Commerce in Culture*, 109 - 111.

②　翁连溪编《清内府刻书档案史料汇编》，第689～721页。

③　《大清律例全纂》（1796），"奏疏"，第9b～10a、15b页。

④　《大清律例》，景印文渊阁四库全书第672册，台湾商务印书馆，1983，第393～394页。下文简称《大清律例》（1983）。湖北省大量关于则例、条例印刷成本的财政报告，见清史编纂委员会，朱批奏折数据库，档号：04 - 01 - 35 - 0912 - 038、04 - 01 - 35 - 0918 - 056、04 - 01 - 35 - 0920 - 009、04 - 01 - 35 - 0898 - 30、04 - 08 - 35 - 0917 - 020。四川南部县衙档案和巴县档案也证实地方官确实从省级长官处获得了一些最新的则例和条例。见南部县档案数据库，档号：451242 - Q1 - 08 - 01015、451242 - Q1 - 09 - 00491；清史编纂委员会，巴县档案数据库，档号Qing6 - 04 - 00393、Qing6 - 04 - 01009 - 004、Qing6 - 04 - 01009 - 005。

除了武英殿版续纂条例，条例更新的信息还有其他几个传播渠道。《京报》（又称《邸抄》）应是清朝官僚机构内外人士获取最新法律最及时有效的途径。《京报》每隔数日定期出版，载有来自京城的法令、诏书、奏折等消息，其中很多信息会导向法律的制定或修改。清朝官员和坊刻书商的作品表明，他们通常是依靠《京报》获取最新的法律和行政消息。①但作为更新法律的来源，《京报》的权威性远不及律典或续纂条例。在通常情况下，《京报》不会明确包含朝廷发布的新条例、新规章，而是包含可能导致法律修改的谕旨或奏折。因此，其中的法律信息往往未经律例馆的汇编，形式和内容往往与续纂条例中的新例定本有所不同。此外，并不是所有谕旨或奏折中的法律信息都会成为法律，清朝立法者选择性出台新例，《京报》中大量的法律内容并不会被正式立法，司法官员断案时也就无法引用。

清政府采用低成本的方式治理。②对成本和效率的考量，也许是清政府选择只发行续纂条例而不是全部更新律典的主因。但从读者角度来看，这些独立于律典的续纂条例用起来并不方便。司法官员为了充分理解法律变化和准确引用条例断案，必须极其仔细地一并阅读续纂条例和律典。当续纂条例已出过好几版，但律典本身尚未更新时，情况就更糟了。读者如果读得不细，很容易将旧版律典中的旧例与续纂条例中的新例混淆。官员对此怨声载道。刑部尚书王鼎在 1830年指出："例有递增，考自嘉庆六年迄今五载一修，弥征慎

---

① Mokros, "Communication, Empire, and Authority," 29, 32, 160 – 163.

② Rowe, *China's Last Empire*, 32.

重，而叠奉部颁新例，卷帙繁多，自非件系条分，难免头绪纷如之叹。"道光朝一位前署按察使也抱怨"新例渐加，旧编难读"，接连更新的条例与律典分离，导致司法官员阅读与引用律典困难，很多人因此转向比殿版律典更新更频繁的坊刻律典。①

*　*　*

墨子刻（Thomas Metzger）在他对清朝官僚机构的法律和行政法规的经典研究中指出，清朝法律文字直白，表述相当松散但仍然清晰。他还指出，这些书籍的弱点之一在于编者通常无法对内容进行分类，也无法整合与同一主题相关的所有信息。在讨论清代法律书籍的编纂和发行时，他将刑事法律（律例）与行政法规（则例）区分开来，认为律例的定期修订和出版是有成效的，便于司法官员使用，但各类行政法规的不定期修订则在一定程度上阻碍了行政管理。他还指出，出版法律书籍的数量与整个官僚机构处理的案例之间必然存在巨大落差，但他也承认，还不清楚汇编本的数量在多大程度上满足需求。②

墨子刻的研究主要基于行政规章。对此，本章仔细审视了殿版律典和续纂条例的出版发行，可为清代法律信息的流通提供新的认识。第一，在法律书籍的出版发行方面，很难笼统讨论整个清代的情况。清中叶的朝廷相对有效地出版发行了高质量的律典和续纂条例，但清前期和清后期的编纂和

---

① 《大清律例刑案统纂集成》，杭州三善堂 1859 年版，"王鼎序"，第 48b 页；"常德序"，第 47a 页。下文简称《大清律例刑案统纂集成》（1859）。

② Metzger, *The Internal Organization*, 130 – 131, 163 – 164.

印刷工作则进展缓慢，很多殿版律典内容陈旧、质量低下。第二，律典和纂修条例本身内容明确。编纂官员努力在书中以便于理解的方式编纂准确无误的法律信息，以便阅读更新后的续纂条例的官员能够理解法律条文的变化。但更新的条例越来越多，且与律典分离，很容易造成阅读困难与理解混乱。此外，清代中晚期殿版律典印刷质量迅速下滑，有些殿版律典的文字模糊，难以卒读。第三，对殿版律典和续纂条例的发行情况仔细考察可以表明，律典和续纂条例的正式出版与官员对这些书籍的需求之间存在差距。通常需要处理日常法律案件的省级以下官员，包括道、府、州、县官员，都得不到殿版律典。连官员都抱怨此类书籍难以获得，官府之外的读者想要得到殿版律典就更难上加难了。

1870 年，武英殿出版了最后一版《钦定大清律例》。由于晚清财政危机，朝廷已无力负担武英殿这样耗资巨大的出版机构。与此同时，国家出版部门逐渐被新崛起的各省官书局取代。作为太平天国运动后恢复文教的手段之一，这些官书局由各省督抚所建，成为晚清政府出版行为的主力军。1869 年武英殿遭大火，烧毁了许多旧刻版和印刷工具，这是对武英殿最后也是最致命的打击。不久，武英殿的出版活动正式停止，退出了历史舞台。

第二章　律典的商业出版

　　律典的商业版本数量大大超过由清政府出版的武英殿版和其他官版，截至目前笔者已经找到了 120 种不同的坊本律典，实际种数可能更多。坊刻版大多不会简单复制殿版律典。在大多数情况下，坊刻版甚至都不会沿用殿版的版式，而是用注释、则例和案例来丰富内容。商业版律典的编者和出版商认为这种附加内容是提升潜在市场价值的方式，有助于读者更好地理解律典。更新的条例也通常会被纳入坊刻版律典，这甚至要早于它们被正式纂入殿版。

一　多样性与变革：1644～1722 年
律典的商业出版

　　尽管明末大量不同类型书籍得到商业出版，但国家法典商业出版的兴盛在很大程度上要到清代才出现。吴艳红对《大明律》30 多种注释的研究，提供了很多律典在晚明出版情况的线索。其中不少注释作品可看作坊刻版清律的前身。根据她的研究，在晚明出版热潮中，此类律典注释与正文出版有两个值得注意的问题。第一，大多数作者、编者和纂修者是中央政府中的司法官员。第二，这些书籍的出版方往往是地方官府。虽然一些出版商也参与了法律书籍的编纂与出版，但官方出版者仍在律典评注、正文的印刷和出版方面发挥决定性作用。[①]因此，司法官员基本上垄断了明律注释和内容的制作。

这种情形在清代发生了剧变。对官刻及坊刻版清律的研究表明，相比明代，清代非官员身份的编者和出版商在编写注释、印刷律例等方面发挥了比官方出版机构更重要的作用。有清一代，律典的坊本非常普遍，其中清朝早期和晚清出版的比清中期出版的数量要多（表 2 - 1）。能追溯到顺治朝的坊本有 5 个，这些清初的版本没有注明编者或出版者身份，不包含注释、则例、案例等信息。此外，尽管从印刷风格来看它们明显是由不同出版商印制的，但结构和布局都相似。[②]它们所遵循的很可能是同一标准，即 1647 年由清廷颁布出版的《大清律集解附例》。

表 2 -1　清代出版律典版本情况

单位：种

时间	钦定版数量	商业版数量
顺治（1644～1661）	1	5
康熙（1662～1722）	0	11

---

① 吴艳红：《国家政策与明代的律注实践》，《史学月刊》2013 年第 1 期；Wu Yanhong, "The Community of Legal Experts," 207 - 225.

② 这些版本多数为 30 章，分为 10 卷，每页 9 列，每列 20 字。苏亦工：《顺治律考》，杨一凡总主编《中国法制史考证》甲编第 7 卷，第 144 ～ 149 页。

时间	钦定版数量	商业版数量
雍正（1723~1735）	1	0
乾隆（1736~1795）	3	11
嘉庆（1796~1820）	1	17
道光（1821~1850）	1	17
咸丰（1851~1861）	0	4
同治（1862~1874）	1	14
光绪（1875~1908）	0	38
宣统（1909~1911）	0	1
时间不明	0	2
总计	8	120

注：岛田正郎认为 1670 年版律典是刑部公布的官方版，参见岛田正郎《清律之成立》，刘俊文编《日本学者研究中国史论著选译》，中华书局，1992，第482~483 页。但我检阅美国国会图书馆所藏此书时，并未找到这部律典为官方出版的决定性证据。

康熙朝的坊本律典比顺治朝的更加多样，反映了更加活跃的出版环境。尽管其中有 5 种坊刻版仍然坚持沿用殿版律典的格式和内容，但也有 6 种版本偏离了殿版格式，包括《大清律笺释》（1689）、《大清律笺释合钞》（1705）、《大清律朱注广汇全书》（1662~1722）、《大清律例朱注广汇全书》（1706）、《大清律辑注》（1715）、《大清律附例注解》（1717）。这 6 种坊本最重要的特点在于，书中除了殿版律典中的律例原文，还包含大量个人所作或汇集而成的评论和注解。晚明官员已经对律例进行注释，并出版了一些有影响力的注释书籍。由于清初律典只对明律做了细微改动，坊本的编者在书中加入了一些晚明时期的注释。例如《大清律笺释合钞》（1705）便参照了王肯堂出版于 1612 年的晚明重要律学著作《律例笺释》。《大清律笺释合钞》的每一页都被横向分为两栏，律例原文用较大字体印在下栏，王肯堂的注释用小字印在上栏，通常与下栏的律例对应。如此安排使读者便于找到法规及对应注释（图 2-1）。

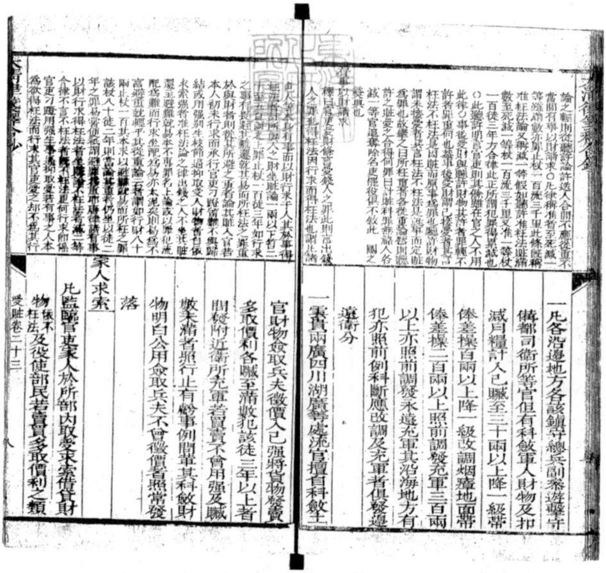

图 2-1　《大清律笺释合钞》页面

说明：上栏是王肯堂笺释，下栏是法典中的律例。

资料来源：《大清律笺释合钞》，钱之青、陆凤来编校，遵道堂1705 年版，卷 23，第 7a~8b 页，东京大学东洋文化研究所藏。

康熙朝学者也对律例注释做出了自己的贡献。影响最大的要数沈之奇在 1715 年出版的《大清律辑注》。与早期注释内容均独立出版不同，沈之奇的律注中还包含了律典原文，采用的是与《大清律笺释》（1689）相同的每页分为上下两栏的版面安排。沈之奇的律注可以被视为坊刻版律典，因为印在每章末尾的书名并非《大清律辑注》，而是与殿版律典同名的《大清律集解附例》。

　　但并非康熙朝所有坊刻版律典都采用这种双栏版式。例如《大清律笺释》(1689)就采用传统的单栏布局，每组律例之后以小字印出注释。《大清律例朱注广汇全书》则同时收录了上栏注释和行间注释。在这本印刷精美的大开本书籍中，律例条文以黑色较大字体印刷，所有的注释则用红色小字印刷。注解和明确整条规定含义的释义则被放在上栏，其他夹注则随所释的字词印出。

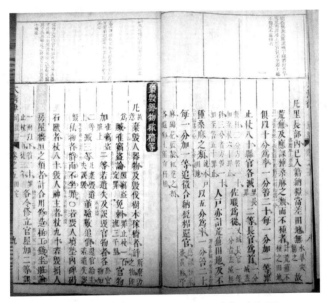

图 2-2　《大清律例朱注广汇全书》彩印页

说明：兼有上层注释和夹注，律例大字为黑色，注释小字为红色。

资料来源：《大清律例朱注广汇全书》，万古斋主人辑注，南京听松楼 1706 年版，卷 5，第 8b~9a 页，美国国会图书馆藏。

　　将律典原文与注释结合，似乎是不同版本的康熙朝坊刻律典的卖点。出版商在书名里加入"笺释合钞""朱注广汇"等醒目文字，还在封面明显处印上些能表明书中包含注释的词语，通常能让读者一目了然。例如《大清律例朱注广汇全书》的封面，出版商在书名左边用红墨印上了"朱钞各家笺释备载"。[①]显然，出版商意在告诉读者，书中包含了大量注释。

另一类流行于康熙朝的书籍则直接回应了殿版律典印刷的迟滞，进一步促进了法律书籍市场的多样化。由于康熙朝殿版律典更新缓慢，与律典分开而定期单行出版的新条例、则例在司法系统中的作用越发重要。为应对这一变化，康熙朝晚期新出现了一类商业法律出版物——合编本，其典型有《定例全编》（1715）、《定例成案合镌》（1719）、《例案全集》（1722）等。这些合编本通常省略了原有律例条文，只收入新修的条例、则例、案例及其他法律信息，甚至包括许多中央政府未及正式颁布或通行的新版条例、则例和案例。这种内部的、及时更新的法律信息吸引了读者。合编本的另一个引人注目之处是其涵盖了各种法律信息。例如，由苏州乐荆堂出版的《定例成案合镌》，在封面书名右侧印有"本书原本续增俱从幕府中参考"字样，左侧则刊印了出版商对该书所包含的法律信息的简介。[②]

　　　　一集：钦定六部处分则例

　　　　一集：六部续增则例

　　　　一集：刑部现行则例

---

① 《大清律例朱注广汇全书》，万古斋主人辑注，南京听松楼1706年版，封面。下文简称《大清律例朱注广汇全书》（1706）。

② Folsom, *Friends, Guests, and Colleagues*, 34 – 57.

一集：中枢政考

一集：钦定督捕则例

一集：兵部督捕则例

一集：内部未经颁刻各例

一集：内部议复及知照各省督抚提镇咨文

一集：内部议定成案

一集：三法司疑驳比照援引改正诸案①

因此，通过《定例成案合镌》《定例全编》等坊刻书籍，政府内部的法律信息得到公开，可供官僚机构之外的公众查阅。

合编本的编者在收入哪些法律信息和采用何种方式编排方面也较为灵活。如《定例成案合镌》是根据律典中律条的顺序对条例、则例和案例进行分类。《定例全编》则是根据《大清会典》的结构来编排内容。坊本编者并非对殿版律典内容进行简单复刻，而是有时根据读者的需求与兴趣自行选择一些条例和则例。例如，《定例全编》编者删除了许多关于内务府、理藩院、上林苑的条例和则例，因为这些内容对此书的大多数潜在读者而言用处不大。这些条例、则例原本包含在律典、会典中，但编者在"凡例"中解释说："无关民事，兹不赘录。"②

坊本律典与合编本的编者来自社会各界。有些是士大夫，如《大清律笺释》（1689）的编者之一李枏为康熙十二

---

① 孙纶编《定例成案合镌》，苏州乐荆堂1719年版，封面。

② 李珍编《定例全编》，北京荣锦堂1715年版，"凡例"，第1b页。

年（1673）进士，曾任左都御史；校对者蔡方炳是江苏知名学者，1679 年举博学鸿词科。有的编者是书商，如编辑出版了《定例全编》的李珍是北京琉璃厂街荣锦堂书坊的主人。[①]但目前能确定的多数编者是来自江南地区的幕友，其中不少是苏州人。幕友是清代真正的法律专家，他们不仅接受了多年的法律训练，还积累了处理实际案件的经验。[②] 不少坊刻律典的编者宣称，此书是他们长期知识和经验积累的产物。《例案全集》的编者张光月为江苏按察使（后升任安徽布政使）李馥的幕友。张光月在该书"自序"中叙述了自己的编纂经历。

> 光月少因家累荒于学，碌碌无所表见，徒因人远游，栖迟幕下，历今且三十年，于律例之学，颇竭其愚钝，操索原委。自刊行诸书而外，凡见文案所未载而可引为例者，皆手自抄撮，分门别类，细为编次，积久乃得成书。[③]

坊本律典和清初的合编本都要经常进行内容更新，增加新条例、则例，删除过时的旧例。出版商认为，包含了最新法律信息的书籍可靠，对读者有吸引力。许多出版商在书籍封面上承诺，随时间推移会不断更新条例。例如在《定例成案合镌》封面上，出版商指出，书里所有条例、案例都为

---

① 李珍编《定例全编》，"编述"，第 2a ~ 2b 页。
② Li Chen, "Legal Specialists," 4 – 5, 10 – 17.
③ 张光月编《例案全集》，思敬堂 1722 年版，"自序"，第 2a ~ 2b 页。

"康熙五十八年夏季以前""后有新例、成案，按季续刻"。①
出版商通常不会因内容更新而重新刻版，他们只会刻出那些
新增或更新的条例与则例，修改旧刻版以删除过时内容，然
后将新旧木刻版结合起来印刷，这提供了一种高效而节俭的
更新内容方式。

　　坊本律典中的最新法律信息有两个主要来源。一是中央
政府发布并通过行政渠道传播的法律信息，如最新的条例、
则例、案例。尽管清廷没有向官僚机构提供最新的律典版
本，但它确实将更新后的法律以律典之外的单行本或文件形
式颁发给官员。坊本律典的绝大多数编纂者是各级官员雇用
的幕友。幕友自己虽然不是正式官员，但他们在为雇主处理
法律与行政方面的文书工作时，可以获得通过官方渠道发布
的最新信息。当官员接到朝廷发来的最新条例时，通常会发
给幕友以供参考。②在将最新法律信息从政府传递给出版商、
再传递给公众的过程中，幕友发挥了重要作用。二是《京
报》，此类刊物通常由商业出版者印刷，不仅供官员阅读，
普通读者也可以买到。③ 一些出版商承认自己依靠这类刊物
来获得更新的条例和则例。例如，编纂《例案全集》的书
商李珍收集整理了《京报》中载有最新法律信息的诏令、
奏议而汇编成书。《定例续编》的编者梁懋修（幕友）也
在序言中说，自己将《邸抄》（即《京报》）作为更新法

----

① 孙纶编《定例成案合镌》，封面。
② 例如《大清律例增修统纂集成》，陶骏、陶念霖增修，杭州聚文堂
　　1907 年版，"应宝时序"，第 49a～49b 页。下文简称《大清律例增修
　　统纂集成》（1907）。
③ Mokros, "Communication, Empire, and Authority," 2.

律的途径。①

康熙朝坊本律典中仅四种包含了出版商信息，分别为南京听松楼的《大清律例朱注广汇全书》、苏州乐荆堂的《定例成案合镌》、北京荣锦堂的《定例全编》和南京思敬堂的《例案全集》。南京、北京、苏州都是清初重要出版中心。虽然杭州在清代中后期崛起为商业版律典的出版中心，但在康熙朝似乎并未出版过律典。印刷格式和律典内容的多样性是康熙朝商业版律典的特性，很难说康熙朝的坊本律典存在唯一出版中心或同一版式，不同的出版商印刷出来的版本通常各不相同，从事国家法律、法规书籍印刷的编者来自不同的社会阶层，书坊也分布在不同的地方。

二 衰落与标准化：1723～1788 年
律典的商业出版

雍正年间至乾隆初年，坊本律典的数量骤减。笔者尚未发现雍正朝的坊刻本，只找到乾隆朝 60 年中出版的 11 种坊刻版律典（表 2－1），大部分出版于 1789 年后。官方出版的繁荣导致商业出版的衰落。朝廷在这一时期更加努力地编纂、印刷和颁行新版律典，对官员、幕友及其他文人来讲，获得官方版本律典可能比前代、后世都容易，因此对坊本律典的需求降低了。

---

① 李珍编《本朝题驳公案》，北京荣锦堂 1720 年版，"序"，第 1a～2a 页；梁懋修辑《定例续编》，"梁懋修序"，第 2b～3a 页。

　　此外，顺治朝和康熙朝都没有规制坊刻法律出版物，但雍正朝和乾隆朝对这些法律书籍施加更严格的管控。1725年，雍正帝下令严禁那些未经授权印刷、售卖与各部则例有关的书籍，"书肆有刻卖《六部则例》等书，行文五城并直省督抚，严行禁止"。1742年，针对讼师秘本和其他"构讼"之书的印刷和销售，乾隆帝发起了全国范围的取缔运动。①更严格的监管和审查，加上官方版本的相对丰富，都使得清中期的坊刻版律典数量减少。

　　在清代中期，有两部书值得我们注意。第一，最早由沈之奇编纂的《大清律辑注》，由洪弘绪在1745年、1755年修订再版。洪弘绪是杭州人，可能是幕友。雍正朝及乾隆初年对律典的重大修改，导致沈之奇的作品过时。洪弘绪的修订，保留了沈之奇书中上栏的评注内容，但对下栏的律例则根据1740年官颁律典进行了修改。第二，万维翰的《大清律例集注》最初出版于1769年，后来至少由胡铃、王又槐在1784年、1786年增订了两次。万维翰沿用沈之奇的两栏版式，注释也大量借用沈之奇的版本。万维翰在"例言"中承认，书中评注半出自沈之奇书。②

　　清中期的坊本律典出现了两个新特点。一个特点是，坊本的结构和版式越发标准化。流行于康熙朝晚期的合编本在雍正、乾隆年间很少出版，究其原因，可能是雍正朝对于出

---

① 《清实录》第7册，第513~514页；《大清律续纂条例》（1743），卷2，第16a页。
② 《大清律例集注》，万维翰、滕京山纂修，胡铃、王又槐增订，苏州芸晖堂1784年版，"例言"，第2a页。下文简称《大清律例集注》（1784）。

版各部则例的禁令，也可能是律典在 1725 年、1740 年的大修已确立了其在清朝法律体系中的权威地位，清初那种汇编新规的书籍便不再必要。另一个特点是，坊本律典内容和印刷格式日渐趋同，这一时期大多数版本采用每页两栏的印刷式样。此外，这一时期印出的坊本紧随刑部发布的续纂条例而更新。康熙朝的许多坊刻本声称通过《京报》等不那么权威的渠道获得新版条例和则例，而随着乾隆年间律例馆对条例的定期修订，清中央政府每五年更新一次条例，这些续纂条例成为清朝官僚机构传播最新法律的最权威渠道。因此，乾隆朝及之后的出版商开始主要依靠刑部发布的续纂条例来更新法律。

商业版通常早于国家版将新条例纳入律典。例如，在《大清律例集注》的"例言"中，编者写道："律例全书自乾隆四年刊发，复于十九年、二十四年增例颁行，虽有续纂条例，尚未归入全书。今将二十八年、三十三年、三十八年至四十三、八年颁发续纂、补纂之例，按类编辑，汇入律后，以便查阅。"① 这表明，当殿版律典还未纂入新例时，坊本的编纂者就根据刑部发布的续纂条例将新纂、补纂等条例编入到自己的书里了。事实上，1768～1790 年，武英殿未出版更新的钦定版《大清律例》全书（表 1－1），而有坊刻版律典于 1784 年出版，当时已经出现过数版续纂条例，但都未被律例馆正式编纂入律、刊发律例全书颁行。

---

① 《大清律例集注》（1784），"例言"，第 1a 页。

三　1789～1805 年杭州统纂集成版 律典的兴起

乾隆后期，对商业法律出版物的管控政策有所松动，官方出版机构开始衰落。律典的私家和商业编辑、印刷与出版有所回升。乾隆后期至嘉庆前期是律典商业出版的重要过渡时期。这一时期至少有五种主要的坊刻版出版，为清代晚期律典的商业出版奠定了基础。

与以往仅有一两位编纂者的早期坊刻版律典不同，1789～1805 年出版的五个主要坊刻版都是集体编校的产物。表 2－2 所列坊刻版中，《大清律例汇纂》（1792）和《大清律例全纂集成》的编校人员均超过十位，这还是规模较小的编校团队。《大清律例全纂》的编校团队最庞大，包括 15 位编辑和 1 位校对。平均每个团队约有 12 位编校人员。这五个坊刻版没有列出这些编校者的官衔、功名或从业信息，只列出了他们的姓名、字和籍贯。编辑的排名似乎没有严格逻辑，唯一例外是《大清律例全纂》中特别指出编辑根据年龄排列。① 校对者通常排在编辑之后，校对工作似乎分配给了团队中的后辈。例如《大清律例汇纂》（1792）的两位校对者沈星曜和沈星朗，他们都是主编沈书成的儿子。《大清律例汇纂》（1793）的校对陆天墀是主编王又槐的学生。校对工作被分给团队中资历较浅之人来做，原因是清代法律专家可能认为校

---

① 《大清律例全纂》，姚观等纂修，杭州铭心堂 1796 年版，"编辑同人姓氏"，第 26a 页。下文简称《大清律例全纂》（1796）。

对工作不算复杂，比编辑工作所需的经验和知识更少。

表 2-2　1789~1805 年坊刻版律典的编纂团队

年份	书名（出版商/编辑或出版地）	主编	编校
1789 1792	大清律例汇纂（杭州）	沈书成	编辑（9 人）：吴荣、王新、吴棠、王又槐、吴张珠、闵涟、俞采、吴焘、朱光葆 校对（2 人）：沈星曜、沈星朗
1793	大清律例汇纂（杭州）	沈书成 王又槐	编辑（11 人）：罗允绥、冯炳、王永绥、尹腾达、孙光烈、陆基、缪鬻、颜绍震、程际飞、王又梧、安秉仁 校对（1 人）：陆天墀
1796	大清律例全纂（杭州：铭新堂）	姚观	编辑（15 人）：程英、万士麟、汤宝铭、余世禄、徐立纯、黄本贤、冯炳、娄延禧、吴宗丕、余世苓、王德秀、朱大锜、陈栻、余毓芳、朱海山 校对（1 人）：王又槐
1799	大清律例全纂集成（杭州）	李观澜 王又槐 孙光烈	编辑（7 人）：魏兆蕃、姚莹、赵佐文、刘浚、丘伯骥、陈惠震、潘宁祖 校对（5 人）：康宁、林报曾、朱步洲、郭世锜、杨士绩
1805	大清律例统纂	胡肇楷 周孟邻	编辑（11 人）：闵念祖、李继会、高友松、王汾、吴再宽、来均、朱文尧、倪垣、孔继洌、王又槐、林士楷

资料来源：《大清律例汇纂》，沈书成等纂修，1792 年版，"参订同人姓氏"，第 1a~1b 页〔下文简称《大清律例汇纂》（1792）〕；《大清律例汇纂》，王又槐续辑，1793，"参订同人姓氏"，第 1a~1b 页〔下文简称《大清律例汇纂》（1793）〕；《大清律例全纂》（1796），"编辑同人姓氏"，第 1a~1b 页；《大清律例全纂集成》，李观澜编，王又槐、孙光烈重订，杭州友益斋 1799 年版〔下文简称《大清律例全纂集成》（1799）〕，"序"，第 17a~17b 页；"编纂同人姓氏"，第 19a~20a 页；《大清律例重订统纂集成》，胡肇楷、周孟邻纂修，唐勋等重订，1813，"参订同人姓氏"，第 40a~40b 页〔下文简称《大清律例重订统纂集成》（1813）〕。

由于缺乏记载，很难确切知道全部编校人员的职业。但其中一些人可以通过编辑或友人所写的各种序言来识别。不出所料，所有能识别出的编辑都是幕友。有些人已经得到了相当重要的职位，担任了省级官员的幕友。例如，参与编纂《大清律例全纂》的黄本贤是浙江按察使秦瀛的幕友；《大清律例汇纂》(1792) 的主编沈书成也曾担任各省官员的幕友。①李观澜、王又槐、徐立纯、吴宗丕、冯炳、朱大锜、孙光烈、胡肇楷、周孟邻等 18 位编辑也是幕友，其他编辑可能也是。因此，幕友垄断了这一时期出版坊刻版律典的编辑角色。

表 2-3　1789~1823 年坊刻版律典编校人员籍贯

单位：人

省份	府	编校人数	县（编校人数）
江苏	苏州	5	吴县 (2)、常熟 (1)、未知 (2)
	常州	4	无锡 (2)、金匮 (1)、未知 (1)
	松江	3	云间 (1)、华亭 (1)、娄县 (1)
	扬州	2	仪征 (1)、江都 (1)
浙江	杭州	30	钱塘 (15)、仁和 (5)、海宁 (2)、未知 (8)
	绍兴	26	山阴 (11)、萧山 (5)、会稽 (5)、诸暨 (3)、上虞 (2)
	湖州	4	乌程 (2)、归安 (1)、未知 (1)
	嘉兴	2	桐乡 (1)、未知 (1)
	宁波	2	鄞县 (2)
	衢州	1	未知 (1)

---

① 《大清律例全纂》(1796)，"秦瀛序"，第 22a 页；《大清律例汇纂》(1792)，"秦瀛序"，第 2b~3a 页；"沈书成自序"，第 5a 页。

续表

省份	府	编校人数	县（编校人数）
湖南	长沙	1	未知（1）
直隶	顺天	1	宛平（1）
总计		81	

资料来源：《大清律例汇纂》（1792）；《大清律例汇纂》（1793）；《大清律例全纂》（1796）；《大清律例全纂集成》（1799）；《大清律例重订统纂集成》（1813，1815，1823）。

　　这些编校人员通常来自江南核心城市，尤其是杭州、绍兴一带的幕友。这并不稀奇，毕竟清代这些地方以出现大量幕友而闻名。一份乾隆朝的官方调查报告显示，清中叶的幕友大多来自浙江，尤其是杭州、绍兴。在一定程度上，这些地方的人通过精心编织的家庭与社会网络垄断了这一职业。[①]1789～1823 年印刷的坊本律典可以确定 81 位编校者（表2-3），有 79 人来自浙江、江苏，仅两人例外，一位是来自湖南长沙、《大清律例汇纂》（1792）的编辑朱光葆，另一位是《大清律例重订统纂集成》（1813）的编辑、直隶宛平人吴再宽。[②]

　　在乾隆晚期至嘉庆前期这一时段，这些编辑和校对人员大多在杭州。杭州是浙江的省会，城中设有很多重要政府机构，包括浙江巡抚衙门、布政使司、按察使司和杭州知府衙门等。为省级官僚服务的幕友，尤其是在按察使司工作的幕友，因在省级司法行政中的重要作用而享有名望。这些坊本

----

① Li Chen, "Legal Specialists," 23-24; Cole, *Shaohsing*, 118-129.
② 《大清律例汇纂》（1792），"参订同人姓氏"，第 1a～1b 页；《大清律例重订统纂集成》（1813），"参订同人姓氏"，第 40a 页。

律典的主编，有些就是驻在杭州的省级官员的幕友。他们的声望、影响力和人脉，使其能为商业出版组建编辑团队。例如，《大清律例汇纂》（1792）的主编沈书成是杭州人，出身于知名的刑名幕友世家，其父为浙江按察使做幕友多年，沈书成二十岁出头就在杭州随父学幕，此后常年成功地辅佐江苏、河南、福建等地的官员。他在1786年返乡后，便召集九位友人编辑《大清律例汇纂》，并在三年后出版。①除沈书成外，《大清律例汇纂》的编辑中还有五位杭州人。因此，同乡关系有助于沈书成组建编校团队。他和他父亲在司法衙门中所构建的专业联系也是如此，沈书成在序言中强调了这一点。

由于为较高层级官员工作的幕友享有的特权更多，为州县官员工作的幕友也愿意参加上级衙门幕友组织的活动。《大清律例全纂》总共有15位编辑，组成了特别庞大的编辑团队，其中黄本贤（字忍斋）是浙江按察使秦瀛聘请的名幕。当黄本贤他们编纂完此书时，秦瀛应黄本贤之邀写的序，高度赞扬了此书的质量。

> 余权浙江臬事，同邑黄君忍斋实佐余幕。忍斋熟于刑律，而不务深刻，余故乐得忍斋为助。近示余《大清律例全纂》一书，乃忍斋之同志诸友与忍斋同编。其书采王肯堂、沈之奇、洪皋山、万枫江诸家之言，阐发底蕴，折中至当，诚善本也。②

---

① 《大清律例汇纂》（1792），"沈书成自序"，第2b~3a页。
② 《大清律例全纂》（1796），"秦瀛序"，第22a页。

此书的其他几位编辑也是就馆于浙江的幕友。徐立纯、吴宗丕、冯炳、朱大锜都曾受聘于海宁州知州张玉田。程英是为府衙同样在杭州的浙江粮处道张映玑工作的。[①]因此，《大清律例全纂》是许多在杭州及周边工作的幕友的合作成果。

对那些尚未声名远扬的幕友来说，参加编纂坊刻版律典有助于提高自己的声誉，增加获得更好工作的机会。幕友是清朝文化精英能从事的为数不多的高薪工作之一。清中期以后，幕友的市场竞争越发激烈。据乾隆后期从业的一位幕友估算，受过多年法律训练的人中，仅 1/10 能真正受聘为幕友。[②]从业者需要人脉和口碑，而蓬勃发展的图书市场则为幕友为自己树立知名法律专家的名望提供了良机。本不知名的幕友希望靠着在畅销的坊刻版律典的编纂者中列名，能让读者相信自己是真正通晓法律的，也得到了同行的认可。由于这些书的主要受众之一是官员，幕友加入编纂团队正是其获得潜在雇主认可的有效途径。这可能也是坊刻版的一些主编会把门生子侄也列进编纂者的重要原因之一。

坊刻版之间似乎也存在竞争。虽然五种清中期坊刻版律典都出版于乾隆晚期至嘉庆早期的杭州及周边地区，但它们由不同的书坊出版，编纂团队的成员也相当不同。在总共71位列名的编校者中，只有王又槐、程英和孙光烈出现在多个编纂团队（表 2 - 2）。换言之，每个坊刻本都由不同的幕友团队编辑，尽管这些幕友都同一时期生活在江南的几个核心

---

① 《大清律例全纂》（1796），"张玉田序"，第 24b 页；"张映玑序"，第 18a ~ 18b 页。

② Li Chen, "Legal Specialists," 15.

城市。因此，杭州城及周边的几个幕友团队，很可能在为自身声誉和有限的工作机会而比拼。在一定程度上，1789~1805 年出版的五种不同版本的律典就是竞争的产物。

这一时期的编者纷纷夸口说自己的成果优于他人。例如，《大清律例全纂》（1796）编者在封面上宣称："遵照现奉部颁荟集各部则例、文武处分并通行成案，一切奉行条议章程，详载卷端，较'汇纂''汇编'更加详备。"在"凡例"中，编者继续攻击其他版本："近年'汇纂'等刻，均未循照部颁式样，即分编卷页，亦有参差。"①编者接着强调，印在他们书中下栏的律典内容与刑部颁发的最新版本律典正文行列、款样完全一致，他们的书绝对优于其他坊刻本。

在《大清律例全纂》三年后出版的《大清律例全纂集成》（1799）中，重订者王又槐公开批评了其他流行一时的坊刻版律典。他在序言中宣称：

> 自万氏枫江本世宗宪皇帝《律例集解》为集注，与辑注、笺释、琐言等书相发明，迨后编辑之家纷纷继起，"汇纂""全纂"之作，处分、成案搜辑日多，厥功伟矣。顾亦不能无弊者，非简略乃繁冗，非误漏乃重复也。或新例已改而旧文未删，或专条已登而原文尚

---

① 《大清律例全纂》（1796），封面；"凡例"，第 33a~33b 页。"汇纂"即 1789 年初版、1792 年重印的沈书成编《大清律例汇纂》，"汇编"即 1783 年初版、1793 年重订并更名为《大清律例汇纂》的王又槐编《大清律例汇编》。

载，徒令炫视听、惑心志，非夸多斗靡之病欤？①

在此，王又槐说出了他的书的主要竞争对手"汇纂""全纂"的问题与缺点。王又槐暗示，这些版本的缺陷证明他召集博学的法律专家来编辑出版《大清律例全纂集成》的决定是正确的。此书封面上有行题字："较'汇纂''汇编''全纂'更加详备。"王又槐还在序言中夸口，这本书题名有"全纂集成"字样，为"非集二三同志之成，盖集朝廷成宪之成也"。②

早期坊本律典是基于个人经验、知识的长期积累而成，因此编撰过程通常要经历数年之久。清中期则是集体编辑和校对，更有效率，讲究合作，通常一年之内就能完工。例如胡肇楷、周孟邻等仅用 7 个月就编校完成了《大清律例重订统纂集成》。③在编纂过程中，编辑团队系统地从各种书籍中收集有用信息，根据律典中的篇章门类进行分类，再一并校对。再如，《大清律例全纂》中几位编辑的朋友、知州张玉田在序中这样描述此书的编校工作："诸君复以治事之暇，遥集同志数人，广搜遍采，纂集注疏、成案、处分、章奏各条，分门标摘，邮筒往复，问难质疑，著为《律例全纂》一书付梓。"④

有了法律专家团队的精心编辑和校对，编者常常宣称自己作品的信息全面、更新及时，而且几乎没有错误。正如王

---

① 《大清律例全纂集成》（1799）。
② 《大清律例全纂集成》（1799），封面；"序"，第 18a 页。
③ 《大清律例重订统纂集成》（1813），"自序"，第 36b 页。
④ 《大清律例全纂》（1796），"张玉田序"，第 24b ~ 25a 页。

又槐在《大清律例全纂集成》的序言中说，在编辑此书的过程中，编辑仔细核对原版，将原版中的错漏之处"重为厘正，并补其缺失，期无一字之赘疣"。①即便王又槐对自己团队的成就可能有所夸大，但总体来说，集体编校而成的律典版本质量较高，内容全面、前后一致，也确实因此受到读者的欢迎。

尽管竞争激烈，但这些坊刻版律典在内容上和版式上都非常相似。这一时期出版的所有坊刻版律典都是每页分三栏（图2-3），而非之前的单栏或两栏。最上栏是交叉索引，编者对每条律例都通过上层的交叉索引来提醒读者判决时正确引用律例和参考案例。沈书成的《大清律例汇纂》（1789）是笔者见过的最早带有交叉索引的版本，编者在此书的"凡例"中解释了上栏索引的作用："律例门类纷繁，最难搜索。兹于参观互见之处，另注上格，庶易讨寻其附载例案。"②显然，读者对此表示欢迎。1789年后出版的几乎所有坊刻版律典都在最上栏采用了相似的交叉索引。

因为将殿版律典的全部内容都印在最下栏，所以这一时期的所有坊刻版律典的底部看起来很相似。它们都遵循殿版律典的内容、布局和印刷风格，每栏9列、每列17字，下栏的章节划分也遵循殿版。这种安排使读者更容易在书中找到相应的律例。坊刻版还在行间增加了一些私家律注，因为字体大小和风格与殿版律典小注相似，读者很难区分非官方注释和官方小注，从而大大增强了非官方注释的权威性，并

---

① 《大清律例全纂集成》（1799），"序"，第17b页。
② 《大清律例全纂》（1796），"凡例"，第4b页。

图 2 - 3　《大清律例全纂》（1796）中的三栏套印版面

资料来源：东京大学东洋文化研究所。

有可能增加了司法实践中对私家注释的使用次数。

　　坊刻版律典之间的主要差异通常体现在中间一栏。此栏中载有律例注释、行政法规、判例及编者根据自己的判断和市场考虑所选择的其他有效规则条文。编者可以从这一时期的大量律学注释中取材，如王肯堂的《律例笺释》、王明德的《读律佩觿》、沈之奇的《大清律辑注》、万维翰的《大清律例集注》等。例如《大清律例汇纂》的编者在"凡例"

中宣称，他们的律例注释以沈之奇和万维翰的注释为基础。《大清律例全纂》的编者则指出，他们在选择律例的注释时不仅参考了王肯堂、沈之奇、万维翰、洪弘绪的著作，还用了"佩觿、琐言、筌蹄、训钞、据会"等五种律注。《大清律例重订统纂集成》的编者则明显更青睐沈之奇的评注。①

　　在律例注释之后印出的案例，占据了坊刻版律典中间一栏的最多版面。坊刻版编者通常选择那些律例中没能明确解释，但案件中针对特殊情节做出了相应判决的例子。随每项法规列出的案例数量从几个到十几个不等。坊刻版律典中包含的多数案件是中央层级所判的刑事案件，相当一部分是由刑部判决的，少数是"通行成案"，即刑部正式发放给整个司法机构的案例，在判决中具有约束力，之后将纂修为条例。但坊刻版中的大多数案例并不是"通行成案"，因此也不是由刑部正式颁布的。坊刻版编者似乎是从工作经验或已出版的案例集中收集材料的。

　　从沈书成编纂的《大清律例汇纂》来看，除了注释和案例，坊刻版律典的中间栏内容还包括则例、诏令、奏议和其他法律信息。沈书成在"自序"中解释，他频繁出差，发现书架上各式各样的法律书籍卷本太多而不便携带，因此他选取这些书中的法律信息，并将它们标注在自己持有的那部律典的相关律例之上。他发现这种形式方便实用，使他能在一并阅读律例条文与增补材料的过程中准确把握法意。当他编

---

① 《大清律例汇纂》（1792），"凡例"，第 1a～1b 页；《大清律例全纂》（1796），"凡例"，第 32a～32b 页；《大清律例重订统纂集成》（1813），"自序"，第 36a～36b 页；"凡例"，第 38a～38b 页。

纂《大清律例汇纂》时就采用了相同的安排。①这一时期相互竞争的编纂团队在汇编坊刻版律典内容时都采用了相似做法，因此这代表了幕友群体的共识，或许也反映了幕友所服务的各级地方官员的共识。

坊本律典的编者采用三栏版式来收录大量私家注释和案例，这与清代法律文化和司法实践密不可分。清帝国主要通过中央集权和严格逐级审转复核制度来实现对司法官僚机构的控制，而该程序注重审查的是司法官员的能力及其在处理刑事案件中选择适用法律条文的水平。有别于在审转复核制度中对官员审判案件和引用适用法律方面所做的严格规定，清朝对法律解释的态度则相当宽松。与《大明律》不同的是，顺治朝出版的官刻律典在律例之间印上了小注，而这些注释很大一部分来自晚明出版的私家注律。②尽管立法活动相当活跃，"顺治律"颁布后又有很多新法律出台，但清代立法者并未像更新律例一样更新律典中的注释。唯一的例外是短暂采用的"总注"，这是1725年"雍正律"新增的，但很快在1740年"乾隆律"中被废。除此之外，清朝立法者并没有制定任何规则来约束和管理私家注律的行为。在这一背景下，私家注释蓬勃发展。据统计，清代产生了150多种私家注释。③ 其中一些影响大的著作，如沈之奇的《大清律辑注》和万维翰的《大清律例集注》，对清代的立法和审判产生了相当

---

① 《大清律例汇纂》（1792），"沈书成自序"，第4a~4b页。

② 何敏：《从清代私家注释看传统注释律学的实用价值》，《法学》1997年第5期，第7页。

③ Fu-mei Chang Chen, "The Influence of Shen Chih-Ch'i's *Chi-chu*," 171；何敏：《从清代私家注释看传统注释律学的实用价值》，《法学》1997年第5期，第8页。

大的影响，并在很多情况下，在司法实践中充当了"法源"，即使其权威性并未得到国家正式承认。清朝官员在判决法律案件时会经常使用，甚至有时会直接引用私家注释。①

同理，案例在清代司法实践中也发挥着越来越重要的作用。相关案例（尤其是刑部及其他中央司法机关所办理的案件）是清朝司法系统中法律推理的基本要素。在 1738 年之前，对司法判决中使用案例并无具体规定，当官员认为现有律例与某一罪行不能完全相符时，就会经常引用或参考案例。正如一位清代学者指出："持衡秉宪，律不具则求之例，例不足则求之案。"②当案情与律例发生冲突时，一些官员甚至舍律例而参考案例来判决。由于刑部从未公开出版正式的案例汇编，司法官员经常要从无授权的坊刻版中获取案例。③这种情况引发了清朝统治者的关注。1738 年，中央政府出台禁令，禁止官员在司法判决中引用不属于刑部发布的"通行成案"的案例。但禁令在 1743 年被部分撤销，此后也未得到有效执行。从现存案例报告来看，现代学者发现，1738 年禁令颁布后，清朝司法官员在法律推理和司法判决中使用案例的现象仍很普遍。④

---

① 私家注释的效力，详见 Fu-mei Chang Chen，"The Influence of Shen Chih-Ch'i's *Chi-chu*，"170 - 290；闵冬芳：《〈大清律辑注〉研究》，社会科学文献出版社，2013，第 107 ~ 249 页。

② 张光月编《例案全集》，"陈汝楫序"，第 2b 页。

③ 清史编纂委员会，朱批奏折数据库，档号：04 - 01 - 01 - 0031 - 005。

④ 杨一凡、刘笃才：《历代例考》，第 384 ~ 386 页。关于清代的成案与法制体系，参见王志强《清代成案的效力和其运用中的论证方式——以〈刑案汇览〉为中心》，《法学研究》2003 年第 3 期；小口彦太：《清代中国刑事审判中成案的法源性》，郑民钦译，杨一凡总主编《中国法制史考证》丙编第 4 卷。

商业版律典的结构和内容不仅是法律文化的反映，而且在塑造清代法律文化和司法实践方面起到了至关重要的作用。如本书第三章所示，律典商业版本的三栏版式改变了读者的阅读体验，改变了国家颁布的法律与非官方法律信息之间的关系，并在司法实践中重新对法律进行了定义和解释。相较于早期版本，清代中后期的坊刻版律典中包含的附加信息更多。这些附加信息中的很大一部分没有得到国家的正式授权和公开传播。在坊刻版律典中，殿版律典内容即律例条文所占的篇幅大大减少。乾隆后期至嘉庆初期是律典出版史上的过渡时期，这一时期的编辑和出版商基本确立了坊本律典应纳入哪些法律信息及应如何编排信息的原则。在此之后，几乎所有的坊本律典都遵循这些原则，在杭州编辑或出版的律典继续引领市场直至清末。

四　1805～1911 年统纂集成版繁盛
与占据主导地位

1805 年，一位名为周孟邻的幕友打算编纂新版律典，他邀请了幕友胡肇楷和其他 11 位朋友共同编辑。与嘉庆年间出版的其他坊刻本一样，胡肇楷、周孟邻的《大清律例统纂》也采用了三栏版式。此书的内容和格式在很大程度上借鉴了另一个流行的坊刻本《大清律例全纂》，但除了新条例、案例和其他 1796 年以后发布的法律信息，两书的重大区别是，虽然《大清律例全纂》中间一栏从各种私人注释与集注中选取了注解，但《大清律例统纂》着重使用一种私家注释，即沈之奇《大清律辑注》中的注释。胡肇楷、周孟邻在

"自序"中称赞沈之奇的注释最为精准，并批评其他坊本律典采用的随意杂乱的私家注释会导致读者难以理解法律的真意。正如胡肇楷、周孟邻所指出，他们编纂这部书的目的是要恢复沈之奇书中的注释。①从内容上看，胡肇楷、周孟邻似乎信守了承诺，他们在书中忠实地保留了沈之奇的评注。他们还补充了自己的评注和参考了一些其他律注，以阐释沈之奇忽略的一些问题，并对沈之奇死后才确立的一些条例加以解释。胡肇楷、周孟邻的书获得了一些知名官员的支持。时任广东按察使秦瀛为该书作序，秦瀛在序中回顾自己1796年在杭州任浙江按察使时为《大清律例全纂》作序的经历。他认为，相比《大清律例全纂》，胡肇楷、周孟邻此作更精确、更全面。他在序中称赞此书为"谳狱指南"。②

1811年，胡肇楷、周孟邻对该书进行了修订，并以《大清律例重订统纂集成》的新书名于1813年再版。时任广东按察使、著名律学家陈若霖为这一修订本作序。陈若霖1787年进士及第，后在刑部工作多年，参与了1811年国家版律典的修订，并因为解决许多疑难案件赢得了名望。陈若霖的序对此书赞不绝口。他说，此书对想要学习法律和正确判决的官员和幕友都很有帮助，书中包含的法律信息是最新的和准确无误的。③通过邀请秦瀛、陈若霖等名臣撰写序言，

---

① 《大清律例重订统纂集成》（1813），"自序"，第36a～36b页。
② Fu-mei Chang Chen, "Private Code Commentaries," 73；《大清律例重订统纂集成》（1813），"秦瀛序"，第32a～33a页。
③ 《大清律例》（1870），"官衔"，第70a页；赵尔巽撰《清史稿》卷380，中华书局，1977，第11609页；《大清律例重订统纂集成》，胡肇楷、周孟邻纂修，唐勋等重订，1815，"陈若霖序"，第38a～39a页。下文简称《大清律例重订统纂集成》（1815）。

编者希望读者相信，他们的书不仅质量可靠，其权威性也得到了高级官员的认可。

1823 年，随着新条例和案例的累计，旧版"统纂集成"已经过时。绍兴人姚润是位名幕，他决定更新这部律典。当他修改 1813 年版"统纂集成"时，已经在杭州成功为幕多年。除了增加新条例、案例并删除旧内容，他几乎没做任何改动。此书的结构、版面甚至印刷风格都与 1813 年版保持不变。姚润添加了吴廷琛的序。吴廷琛作序时已经是位有名的士大夫，时任云南按察使。吴廷琛的序写道，他任杭州知府时，姚润是他的幕友，他钦佩姚润的法律学识和人品。吴廷琛说，他多年前就知道"统纂集成"，很高兴看到姚润对其加以更新。他称赞这本书是法律的综合汇编，不仅包括律典原文，还补充了在法律实践中有用的内容。①

1826 年，姚润再次更新"统纂集成"。此时他是浙江按察使祁埼的幕友，地位更加显赫。祁埼在刑部历练多年，已是久负盛名的司法官员。与陈若霖一样，祁埼也曾为 1826 年版"统纂集成"作序。多年后，祁埼升任刑部尚书。姚润的新修订版得到了祁埼的大力支持。祁埼在序言中说，姚润"精研律学，晓畅吏事"，自己经常跟他讨论案件。姚润曾赠给祁埼一部 1823 年版的"统纂集成"，祁埼仔细阅读了此书，称赞其清晰有效。1825 年，律例馆修订律典并颁发新的续纂条例，祁埼将收到的副本迅速转交给姚润，让他相应修改"统纂集成"。等姚润修订完成，祁埼作序称赞此书为

---

① 《大清律例新修统纂集成》，姚润纂修，杭州三余堂 1826 年版，"吴廷琛序"，第 44b ~ 45a 页。下文简称《大清律例新修统纂集成》（1826）。

"用刑之圭臬"。①

　　1826 年之后，姚润继续修订和更新"统纂集成"。每改完一次，他都请一位有影响力的官员写序。他请原浙江按察使、自己曾经的雇主常德为 1829 年修订版作序。1836 年，管理刑部事务的协办大学士王鼎为新版"统纂集成"写序。王鼎在序言中说，随着新条例的积累，旧版律典读来已相当不便，这也是姚润刊印"统纂集成"的原因。他又称赞此书的质量，鼓励人们阅读："是刻分门别列，收采无遗，俾读者展卷了然，尤为法家之秘笈……得是书而读之，见其胪列之详，条理之密，采择之简明，洵为律例善本，而有以助圣朝祥刑之化，爰乐为之序，而并以告天下读律者于是乎书。"②

　　关于姚润是如何请到王鼎来写序的，王鼎、姚润二人都没有说明。王鼎并非江南人士，仕宦的大部分时间是在中央政府工作。他的生活与主要工作在杭州的绍兴师爷姚润几乎没有交集。我们甚至不确定二人是否真正谋面。从王鼎序言来看，似乎是姚润修订的这部书的质量，而不是个人关系，说服了王鼎撰写序言。无论从何种角度看，王鼎的序言都令人印象深刻。这个强有力的信息，证明"统纂集成"进入了清朝司法系统最高层级官员的视野，并且得到这些官员的欣赏和背书，因而具有权威性和可靠性。在 1836 年前"统纂集成"五篇序言作者中，秦瀛、陈若霖和祁𬩽这三位作者是有名望的司法官员，后来都进入刑部担任要职。有了这些高官的支持，"统纂集成"的权威性无可置疑。

---

① 《大清律例重订统纂集成》（1826），"祁𬩽序"，第 1b ~ 2b 页。

② 《大清律例刑案统纂集成》，杭州三善堂 1859 年版，"序"，第 49a ~ 49b 页。下文简称《大清律例刑案统纂集成》（1859）。

　　姚润之后，又有其他几位幕友更新了"统纂集成"，其中一次重大更新是由另一位绍兴师爷胡璋完成的。1838 年，胡璋随雇主、新上任的杭州知府文柱来到杭州。当时姚润的"统纂集成"在杭州图书市场占据主导地位。大概是因为看到销售"统纂集成"有利可图，杭州的出版商和书商开始邀请幕友来更新此书。当胡璋抵达杭州，有位书商来访，请他更新"统纂集成"，胡璋同意了。①胡璋的主要贡献是从 1834 年出版的著名案例集《刑案汇览》中选取了大量案例补入"统纂集成"。修改完成后，胡璋请自己的雇主文柱写了一篇序。②胡璋根据《刑案汇览》进行了"统纂集成"中的案例更新，将两书优点结合，使自己编的《大清律例刑案统纂集成》成为更及时、更可靠的法律信息来源。

　　坊本律典的编纂出版因太平天国运动而中断。这场大规模的战争摧毁了江南的很多城市，其中包括最重要的商业版律典的编纂和出版中心杭州。③同治初年，吴煦署江苏布政使时得到姚润"统纂集成"的原本。当吴煦致仕后，战乱已经平息，对"统纂集成"的需求又变得迫切。吴煦决定再版此书，他聘请老友任彭年对内容进行校对和更新。任彭年是绍兴人，正在杭州担任浙江按察使王凯泰的幕友。等任彭年改完，吴煦雇用工匠刻版。1868 年，他将此书刊印并在市场上

---

① 《大清律例刑案统纂集成》（1859），"跋"，第 54a～54b 页。

② 《大清律例刑案统纂集成》（1859），"凡例"，第 57b 页；"序"，第 50b～52a 页。祝庆祺、鲍叔云 1834 年编（胡璋重编《大清律例刑案统纂集成》的四年前）《刑案汇览》是清朝后期最具影响力的案例集，包括 1736～1834 年的 5640 个案件。Bodde and Morris, *Law in Imperial China*, 144 – 147.

③ 《大清律例增修统纂集成》（1907），"应宝时序"，第 60b～61a 页。

销售。1870 年，律典内容完成了一次官方重大修订，出版了清代最后一个殿版《钦定大清律例》（即"同治律"）。吴煦又适时根据新颁殿版律例更新了"统纂集成"，于 1871 年再次出版。①

另一个有影响力的"统纂集成"版本完成于 1878 年。1877 年，杭州书坊聚文堂的老板邱某请陶骏和陶念霖来更新"统纂集成"。陶骏、陶念霖是绍兴人，当时可能在杭州工作。他们起初以完成此任务的天赋和经验不足为由拒绝了邀请，但老板又邀来另外两位也在杭州工作的幕友帮他们更新此书，陶骏、陶念霖终于接受邀请，花了大约半年时间更新此书。后来，老板利用私人关系请前江苏按察使应宝时为此书作序。②

同光年间版本的"统纂集成"的作序者也是省级高官。王凯泰（1867 年版作序者）和应宝时（1878 年版序作者）都曾任按察使，吴煦曾署布政使。正如此前的作序者一样，这些官员用序言来表示对坊本质量的认可，认为是对当时法律权威、全面的汇编。王凯泰在 1867 年版序言中指出，"浙省刊《律例统纂集成》，从政者奉为圭臬"，经过任彭年的修改，此书更加完整、可靠，真正有裨于治道、造福于世。应宝时在 1878 年版的序言中也高度评价此书："俾为用刑之

① 姚润的《大清律例新修统纂集成》初版于 1823 年，姚润重订的《大清律例增修统纂集成》被多家出版商重印于 1826、1828、1829、1832、1833、1843 年。吴煦没有指出他修订的是哪一版。《大清律例增修统纂集成》（1907），"吴煦序"，第 56b～58a 页；"吴煦书后"，第 59a～59b 页。

② 《大清律例增修统纂集成》，上海艺珍书局 1891 年版，"序"，第 9a 页 [下文简称《大清律例增修统纂集成》（1891）]；《大清律例增修统纂集成》（1907），"应宝时序"，第 61a～61b 页。

圭臬者，莫如《律例统纂集成》一书……辑诸家之笺注，载历来之成案，分门别类，炳如日星，则索习刑名者如获指南之车，久已风行海内矣。"而且聚文堂的此次更新，使得该书更为详备，他认为此书"非惟情法均平，足以仰承国家慎刑之意，且使司宪者得明刑弼教之助，其有裨乎治道岂浅鲜哉？"①

　　幕友、省级高官与书商之间的互动，促进了晚清"统纂集成"的编纂、修订和出版。幕友，尤其是杭州、绍兴人士，在很大程度上垄断了这项工作。"统纂集成"各版本的编者，如姚润、胡璋、任彭年、陶骏、陶念霖等都是在杭州做幕友的绍兴人。百年间他们孜孜不倦地修改和更新"统纂集成"，使此书与时俱进、深受读者欢迎。官员，尤其是按察使在其中也发挥了重要作用。他们作为各省的最高司法官员，对省级司法行政有深远影响。他们通常是"统纂集成"编辑的雇主，并为这些任务提供支持。他们热情洋溢的序言帮助"统纂集成"吸引读者，并确立它作为"圭臬"和读律"指南"的权威性。书商在"统纂集成"出版上也发挥着越来越重要的作用。出版"统纂集成"是追求利润的商业活动，正因为"统纂集成"的销售有利可图，书商才邀请或雇用知名幕友来更新此书。一些有权势的书商甚至能请来省级高官写序。

　　从现存版本数量来看，嘉庆至光绪年间，律典的商业出版非常繁荣。只是由于太平天国运动，咸丰、同治年间的坊

---

① 《大清律例增修统纂集成》（1907），"王凯泰序"，第 52b ~ 53a 页；"应宝时序"，第 60b 页。

刻本数量略有下降。这一时期的坊刻版律典笔者总共找到91种（表2-1），远高于笔者找到的清朝统治前150年的出版种数。这些晚清坊本的种数也远超殿本，乾隆朝以后出版的殿版律典仅有三种。杭州、北京和上海的书坊都接受并采用了"统纂集成"的内容、结构乃至印刷风格。换言之，晚清几乎全部坊刻版律典都依照"统纂集成"的设计和编辑原则，殿版的设计已然不受书商的青睐。即使是太平天国运动后由省级官员设立的官书局也摒弃了殿版律典的设计，而采用商业版律典"统纂集成"为代表的内容与格式。①因此，在1805年"统纂集成"首次出版后，其内容和设计开始取代殿版和其他商业版，在晚清的律典出版中逐步占据统治地位。由于幕友的努力和臬司的支持，以"统纂集成"为代表的商业版律典成为律典传播的主要形式。

五　造福于世：出版律典的理念

从清初到清末，商业版律典的编者和出版商都越来越觉得他们对律典的编辑、出版是合理合法的。大多数人认为印刷和传播律典将有助于"治道"和百姓福祉。清初的一些编者和出版商对是否被允许出版律典抱有怀疑，当他们决定出版律典时，就严格遵循官版的格式而不愿做任何修改，正如我们看到的顺治朝那时的情况。许多明末清初的注释律学著作中并不包括律例原文，因为编者和出版商认为这样做不合

---

① 《大清律例汇辑便览》，湖北谳局编，1872，"详文"，第42b页；"凡例"，第51b~52a页。下文简称《大清律例汇辑便览》（1872）。

适。顾鼎在 1691 年修订再版《律例笺释》时，曾解释为何不将律例条文与王肯堂注释一并刊载。

> 律例为昭代之宪章所系，治民之大法所存……非不欲刊列全文，便于兼读，然非奉题请，不敢擅专，故草芥微臣有志未逮也。①

顾鼎认为他在没有官方授权的情况下就印刷律典全文不合适，所以他只印刷了王肯堂的注释，不印律例条文。

但康熙中期以后的编者和出版商都越发相信，出版律典不仅是道德上的善事，政治上也合适。与清代前期坊本律典多不印编者和书坊名不同，康熙中期以后坊刻版律典和印刷的合编本大多写上了编者姓名或出版商字号，表明编者和出版商不再害怕表露身份了。此外，清代越来越多的编纂、出版律典者不但认为律典的出版是适当之举，而且认为自己有理由增添律例注释、新颁条例等额外内容。例如，1705 年，钱之青和陆凤来根据顾鼎 1691 年再版的王肯堂《律例笺释》出版了《大清律笺释合钞》。顾鼎由于自认为无权刊印律典，所以不愿将律例原文与王肯堂注释一起印刷，而钱之青、陆凤来则将王肯堂注释（印在上栏）与律例原文（印在下栏）一并刊印。② 康熙末年以后，这种一并印刷律典和私家注释的做法十分普遍。事实上，就笔者目之所见，康熙以后出版的坊本律典几乎都包含了注释及其他额外内容。随着时间的

---

① 王肯堂：《律例笺释》，顾鼎重编，"重编八则"，第 2a～2b 页。
② 《大清律笺释合钞》，钱之青、陆凤来编校，遵道堂 1705 年版，"钱之青序"，第 1a 页。

推移，越来越多的补充性内容，如交叉索引、案例、则例、诏令和其他法律信息被纳入坊本律典。从清初到清末，国家颁布的律例原文在坊刻版律典中所占的分量越来越少。

清代一些编者和出版商甚至认为对律典的文本进行删减或重排也是可以接受的，康熙后期流行的合编本就是例子。这些书籍的编者和出版商毫不犹豫地重新组织或删除了律典原文。《定例续编》（1745）的编者梁懋修在凡例中这样解释："律例各书，语皆简约。今所集续编，不敢辄加笔削。盖以大宗工之职掌，非草茅所可专擅也。然原文之无关紧要，词句之衍敷浮泛者，亦不敢概存，以分阅者之目。是以繁者删之，切者录之，兼议者分之。毫无闲言，一归至当，事之原委，实属了然。区区苦心，祈共谅之。"①

在梁懋修看来，读者的需求胜于编辑律典时对官方权威的潜在冒犯，因此他大胆省略了律典中他觉得对读者来说不必要或冗余的内容。

清朝中后期，大多数编者和出版商宣称他们的书为政府和社会做出了巨大贡献。坊刻版律典的序言中，"功""功臣"字样经常出现。编者和出版商解释说，这些版本的巨大贡献是使法律更容易为学者、官员和平民所用。他们通常指出，人们很难获得国家版的律典及其他法律书籍。此外，由于殿版的更新并不都很及时，清朝官僚机构内外的读者很难了解到最新的法律信息，官方出版物已无法满足对新版法律书籍的巨大需求。

商业律典的编者和出版商认为他们的书有助于填补这种

---

① 梁懋修辑《定例续编》，"凡例"，第1a页。

空白。正如坊本律典《大清律例全纂集成》（1799）的编者李观澜所指出的：

> 恭惟《大清律》奉世祖章皇帝、圣祖仁皇帝、世宗宪皇帝、太上皇帝各圣谕颁行天下，刑期无刑，辟以止辟。……且自通邑大都，僻壤穷乡，所在州县，仿周礼布宪读法之制，时为解说，令父老子弟递相告诫，则知畏法而重自爱，……自乾隆十一年定例律例五年编辑一次，兹届六十年奉颁续纂，恐山僻小邑未能尽读全书，谨将续纂逐条增入五十三年续编之后，并附入近年及本年我皇上敕部咨行各条例、则例，以成完本。①

李观澜还强调，他的书中不仅包括新条例和则例，还包含大量律例注释，因此将极大地方便读者获得关于法律的最新知识和全面信息。《定例全编》的编者李珍也说，自己编纂此书是因为"事例浩繁"而"未仕君子亦无由得览"，因此编纂此书以供"有志君子讲读律例"并希望于"治道"有裨益。②

这些编者和作序者还强调，坊本律典和其他法律书籍能使读者更容易领会法律。通过将律典原文与注释、案例及其他法律信息相结合，他们可以帮助读者理解律例。在他们的序言中，他们使用通常留给注经者的词语来描述他们的成就。他们将律典原文（如律、例）看作"经"，并将其类比

---

① 《大清律例全纂集成》（1799），"李观澜跋"，第1a页。
② 李珍编《定例全编》，"编述"，第1a~2b页。

为儒家经典的原文。他们认为律例注释正如同帮助读者理解经文的"注疏"一般。①这些编者指出，正如学者离开注疏就不能完全理解儒家经典那样，缺乏律例注释的帮助，人们就不能理解律例的确切含义。注释这些律例的作者与收集、印刷这些注释的编者，因此被比作古代的左丘明、郑玄等。如管蘅在给《大清律例集注》（1784）作序时就指出，此书"句有疏，字有训，援此以类彼，审异以辨同，前书所未载则补之辑之，旧注所不详则申之论之，俾议狱者按一律而诸律兼通，引一例而他例互证。是其本原经术以寓钦哉？"因而，此书编者万维翰的贡献可以类比为左丘明的贡献，"惟恤之至训，洵是方左氏功臣矣！"②

　　尽管坊本律典的编者和出版商热衷于从书中获利，但他们也普遍认为此类书籍的出版和发行将增进国家和社会的福祉。他们认为国家应该教育平民了解律典中的律例，因为当平民知晓罪与罚就不敢为非，了解法律也将减少人们因无知而犯罪的可能。③官员应精研律典中的法律规定，这将有助于他们在断案中正确判决，因而不受处分。这样，他们不但可以保住自己的官职，也能减少含冤之人。应试考生也应该读律，好为将来踏上仕途做准备。因此，正如一位作序者所指出的，律典的印刷出版将有助于"官可循，士易读，而民不

---

① 例如，参见《大清律笺释合钞》，"钱之青序"，第 1a 页；沈之奇：《大清律辑注》，洪弘绪增订，1745 年版，"张嗣昌序"，第 1a 页。下文简称《大清律辑注》（1745）。

② 沈之奇：《大清律辑注》，1784 年版，"管蘅序"，第 1a 页。下文简称《大清律辑注》（1784）。

③ 例如，参见《大清律例全纂集成》（1799），"李观澜跋"，第 1a 页。

犯"，因此"厥功伟矣"。①

六　商业版律典的市场

　　商业版律典比殿版律典的读者范围更广。许多编者和作序者强调律典的重要性，鼓励人们购买和拥有律典。他们声称，不仅每位办案官员和幕友应当拥有一部律典，将来打算做官的学者和士子也应当拥有律典、阅读律典。例如《大清律例汇纂》（1792）的一位作序者、曾任江苏按察使钱琦指出："《大清律例》一书颁布寰宇，不特内外谳狱衙门群昭法守，即胶庠之彦，缙绅之家，留心用世者，莫不人置一编，以为他日出身加民之本，是诚学古入官之先路也。"②为《大清律辑注》作序的山东巡抚蒋陈锡也指出："有司牧之责者，固不可一日无此书，虽士君子皆当置一通于座右，以为修身立命之助。"③除了官员和学者，幕友显然是主要的目标读者。幕友被称作"申韩家""习法家言者""秉案之客"，在商业版律典中常被作为目标受众提及。④

　　坊本律典的价格并不低廉，但官员和幕友还是买得起的。清初的售价相对较低，用黑、红双色印刷的精致的十册三十卷本《大清律例朱注广汇全书》（1706）只售 2.4 两白银。由于通货膨胀及坊本内容的增加，清代中后期律典的售

---

①　《大清律辑注》（1745），"张嗣昌序"，第 3a ~ 3b 页。

②　《大清律例汇纂》（1792），"钱琦序"，第 1b 页。

③　《大清律辑注》（1745），"蒋陈锡序"，第 1b 页。

④　例如，参见梁懋修辑《定例续编》，"序"，第 2b 页；《大清律例汇纂》（1792），"钱琦序"，第 4a ~ 4b 页；《大清律例重订统纂集成》（1815），"陈若霖序"，第 38a 页。

价开始上涨。总的来说，册数从清初的十余册增加到晚清的 24 册左右，编纂和印刷的成本提高了。杭州务本堂 1823 年印刷的《大清律例重订统纂集成》售价 3.2 两白银。到了晚清，坊刻版的价格涨到 6 两白银左右。杭州三善堂以 6.4 两白银的价格出售 1859 年版律典。杭州聚文堂出版的 1878 年版、1907 年版律典的定价也都是 6.4 两白银。1894 年杭州出版的清来堂版《大清律例增修统纂集成》略贵，达到 7 两白银。北京出版的坊本价格也为 6~6.4 两白银。① 坊本售价比殿版高得多，殿版的价格固定在 1.1 两白银左右（表 1 - 2）。但由于坊刻版经常更新、内容更全，比殿版容易买到，还是更受读者欢迎。虽然下层文人（如并不富裕的学生、塾师）或普通百姓可能难以负担得起，但坊刻版律典的主要目标读者群体为官员和幕友，他们的年收入通常为成百上千两白银，因此这些书价只是他们年收入的一小部分。②

坊刻版律典在清朝几个主要书籍市场上销售。清前期的江苏是律典的重要印刷中心和销售市场。120 种坊刻版中就

---

① 书籍售价，参见《大清律例重订会通新纂》，第七所官房 1829 年版，封面；《大清律例朱注广汇全书》(1706)，封面；《大清律例重订统纂集成》(1823)，封面；《大清律例刑案统纂集成》(1859)，封面；《大清律例增修统纂集成》，陶骏、陶念霖增修，杭州聚文堂 1878、1907 年版，封面［下文简称《大清律例增修统纂集成》(1878)/(1907)]；《大清律例增修统纂集成》，任彭年重辑，杭州清来堂 1894 年版，封面［下文简称《大清律例增修统纂集成》(1894)]；《大清律例增修统纂集成》，姚润原纂，胡璋增辑，琉璃厂 1864 年版，封面［下文简称《大清律例增修统纂集成》(1864)]；《大清律例会通新纂》(1873)，封面。

② 普通塾师年均收入 20 两白银。蒋威：《论清代塾师的职业收入及相关问题》，《历史教学》2013 年第 14 期，第 22 页。官员与幕友收入，见 Ting Zhang, "Penitence Silver," 44; Li Chen, "Legal Specialists," 18 - 20.

有 10 种来自江苏：苏州印刷 7 种、南京印刷 2 种、常州印刷 1 种（表 2 - 4）。清前中期，几个江苏版本颇有影响，包括南京听松楼售《大清律例朱注广汇全书》①，苏州云晖堂 1769 年版的万维翰《大清律例集注》。嘉庆朝之前，杭州只印制了两种坊刻版。清前期和中期，苏州出版的坊刻版似乎比杭州更多。但乾隆朝后期以后，随着杭州编辑出版活动的繁盛，杭州版迅速主导了律典销售市场，苏州编辑出版律典的商业活动因此衰落。乾隆年间以后，苏州一带仅出版了两种律典，似乎都是翻印杭州版。而同一时期，杭州的书坊至少出版了 33 种律典。

表 2 - 4 1644 ~ 1911 年坊刻版律典的出版地

单位：种

地名	版本数量
杭州	33
北京	16
上海	9
苏州	7
南京	2
宁波	1
常州	1
绣谷	1
衢州	1
不详	49
总计	120

① 此书现存至少两个版本，一个是南京听松楼出售，另一个可能是北京琉璃厂街上一家书店销售。

杭州作为坊刻版律典的最大市场，生产和销售了许多有影响力的坊刻版，尤其在乾隆末年以后。120 种坊刻版中，71 种载有具体的出版、销售地点。这其中有 33 种是在杭州编辑出版的（表 2 - 4），包括了乾隆朝中叶以后多数重要而影响广泛的版本，如沈书成的《大清律例汇纂》、姚观的《大清律例全纂》、王又槐的《大清律例全纂集成》及各种版本的"统纂集成"。积极印刷和销售律典的杭州出版商包括铭新堂、友益斋、务本堂、三善堂、同文堂、清来堂和聚文堂。这些书肆不仅出版法律书籍，也印刷销售史书、儒家经典、诗文集等其他类型书籍。杭州出品的书籍以其编辑、印刷的高质量而闻名，这有助于提升它们在清中后期成为最佳律典版本的口碑。1891 年，上海一家坊刻版律典的出版商这样称赞杭州版各种律典："一时海内风行，称浙西善本焉。"①其他城市的书店也售卖杭州版律典，比如现藏于东京大学的《大清律例全纂》（1796）就是在杭州编辑印刷的，封面左栏印有黑字"板藏浙杭清泰门内洋市街铭新堂杨宅"，又在下方用红墨印上"在江西省城布政司前西大街托素斋笺纸铺分兑"字样，②表明此书在杭州铭新堂印制，但在江西南昌托素斋销售。

杭州作为南宋都城，宋明时期是重要出版中心，但明末清初的杭州在图书印刷和出版事业方面的主导地位开始下降。因此张秀民在《中国印刷史》中并未把杭州列入清代重

---

①　梁春芳等：《浙江近代图书出版史研究》，学习出版社，2014，第 29 ~ 32 页；《大清律例增修统纂集成》（1891），"西河渔隐序"，第 1a 页。
②　《大清律例全纂》（1796），封面。

要出版中心。①总的来说，尽管杭州在清代仍出版了许多书籍，但数量和质量是无法与北京、苏州、广州等其他重要印刷中心相比的。不过从坊刻版律典的出版史来看，杭州的主导地位无可置疑。杭州幕友的高度集中促成了律典印刷和销售的繁荣。常住杭州的幕友不仅在编纂律典方面发挥重要作用，本身也是律典的潜在买家。绍兴、嘉兴等临近城市的幕友也经常前往杭州，可能会来购买律典。此外，杭州是浙江的行政中心，又是大运河的南端，吸引大量官员、考生、生徒及旅人前来，他们也是坊刻版律典的潜在购买者。

杭州零售坊刻版律典的书铺通常位于衙署和学校附近的繁华商业区。靠近风景名胜吴山、西湖的清河坊是杭州最繁华的商业区，每年吸引成千上万的游客。清河坊还靠近浙江布政使司、杭州知府、仁和知县、钱塘知县等衙门。杭州府学也在这一区域。因此，除了游客，此地还聚集了许多官员、幕友、书吏和官学生。许多书店也就设在清河坊。能确定地点的从事律典印刷、出版和销售的六家杭州书店中，三家设在清河坊，其他三家的位置也相对繁华和便利，例如务本堂在望江门内，靠近浙江巡抚衙门；铭心堂位于靠近浙江盐道和钱塘县学的繁荣市集洋市街。

坊刻版律典的另一个出版中心是北京。北京至少印刷、销售了16种律典。参与出版律典和法律书籍的店铺大多位于著名的琉璃厂街，这是北方最大的书籍市场。出版律典的书肆通常属于缙绅铺，主要印刷和销售缙绅录、法律书籍、官箴书、科举用书以及供官员和学者实际使用的其他种类书

①　张秀民：《中国印刷史》，第547～558页。

籍。经常光顾北京书铺者，以在京工作或逗留的官员和学者为主。这些人在琉璃厂消磨时间，交际朋友，并阅读和购买书籍。①离京前，他们可能会在琉璃厂购买一些在别处市面上很难买到的书。

与杭州购书者相比，北京书铺的顾客普遍社会地位更高。由于杭州及其周边地区有许多幕友居住，所以购买律典的主要社会群体可能是幕友，但在京的多数买家是官员。因此，像缙绅铺这类主要面向官员的专业书店能在琉璃厂蓬勃发展。官员被要求具备一定的法律知识，但与以法律专业为生的幕友相比到底还是业余。此外，由于大量幕友居住在杭州及其周边地区，杭州形成的法律专业氛围正是杭州成为坊刻版律典出版中心的要素；而北京缺乏杭州这种氛围，像样的编者和校对人员也不多见。至于可能具备编辑、更新律典能力的刑部官吏，似乎也无意于此。因此，虽然北京的书铺至少印刷了 16 种坊刻版律典，但总体上这些版本都缺乏创新，大多数只是杭州版的翻印。北京版律典经常不提编纂者名字，有时还删除杭州原版编者邀来的各位官员的序，可能就是为了避免对原版专有内容的使用发生纠纷。

西方的石印术在 19 世纪下半叶传入中国后，上海迅速崛起为主要出版中心之一。②上海的出版商在晚清至少印出了 9 种律典（表 2 - 4）。上海几家著名的出版机构，如文渊山房和扫叶山房，都在印刷、销售律典。笔者发现的最早的上海版律典是扫叶山房 1887 年印刷的。所有上海版律典均可

---

① 孙殿起：《琉璃厂小志》，北京出版社，1962，第 4~67 页；刘蔷：《荣录堂与清代搢绅录之出版》，《图书馆杂志》2008 年第 10 期。

② Reed Christopher, *Gutenberg in Shanghai*, 25 - 127, 161 - 202.

看作"统纂集成"的翻印。在上海，石印技术被广泛应用于坊刻版律典印刷，因此上海版比其他各地出版商印刷的传统木刻版律典的开本更小，却更清晰。仅文渊山房就在 1896 年、1899 年、1904 年、1906 年和 1908 年至少印了 5 种"统纂集成"，表明清末对坊刻版律典的需求仍然很大，出版这些书也许仍然有利可图。

坊刻版律典的市场竞争激烈，到了晚清更加激烈。杭州、北京、上海等城市中的许多书铺都同时以差不多的售价贩卖相似版本的律典。不同版本和出版商之间的激烈竞争，反映在坊刻版律典的封面上，出版商通常宣称自己的版本最新，比其他版本更全面、更准确。他们还批评其他出版商的盗印，说那些盗版书质量低劣、漏洞百出。例如，在履素堂印刷、杭州三善堂出售的 1826 年版《大清律例新修统纂集成》封面上，出版商用红墨钤印声明："是书攸关谳狱，故予悉心校刊。近有翻刻舛错，为害非浅。且匪徒套刻本宅图记，假冒射利，识者鉴之。"①杭州聚文堂在其《大清律例增修统纂集成》中也用了类似表述。

> 《大清律例》一书，惟我浙省增修为最佳者。本因久行海内，以广其传，兵燹后购者纷纷，惜其时浙省片版无存，亦在劫数中乎。近有外省贩来旧版老例，模糊不堪，错漏脱落不少，修补颠倒舛错，从中文理不接，不一而足，购者遗害匪浅。又有江西翻刻更次，纸版印工均劣。近年条例不全，本年通行只字全无，阅者便知

---

① 《大清律例新修统纂集成》（1826），封面。

真伪也。①

接着其声称自己的版本不仅包含更新后的律例，而且经过仔细的校对和印刷，有意购买的学者和商贩应认准聚文堂戳记："今本号复请高明，遵照部颁增添近年通行，分类编辑，逐条校正，不惜工本，全部刊刻，新版校对无讹。凡仕商照顾者，须认明杭州大街清河坊北首聚文堂书坊发兑图记，庶不致误也。"②除了履素堂和聚文堂，许多其他出版商在书中也有类似表述，例如"本衙藏板""翻刻必究"等表述时常出现在清朝中后期的杭州版律典封面上。

清代法律中没有专门的版权保护规定，未经授权的翻印并不违法。清代的出版商通常有几种方法来保护他们的出版品：利用他们与地方官府的联系，有时向当地衙门提起诉讼以禁止未经授权的翻印；使用特殊标记区分正品和盗版；制定行规（前提是存在行会）来禁止无授权翻刻等。③尚无证据显示坊刻版律典存在出版商行会，或出版商曾诉诸公堂来解决无授权盗印问题。因此，"翻刻必究"之类的说法可能只是纸面上的警告，出版商很少采取真正行动来查处盗版。最常见的方式还是杭州几家有名的律典出版商试图将自己的版本与其他版本区分开来，正如我们看到的履素堂、聚文堂例子那样，他们通常在封面上印出宣传语，称此版比别版质量更高，并指出书坊位置，鼓励读者鉴别版本优劣。

---

① 《大清律例增修统纂集成》（1907），第 90a 页。
② 《大清律例增修统纂集成》（1907），第 90a 页。
③ Alford, *To Steal a Book Is an Elegant Offense*, 9 - 29；何朝晖：《试论中国古代雕版印刷版权形态的基本特征》，《图书与情报》2008 年第 3 期。

　　尽管做出了上述努力，对这些版本的无授权翻印行为仍然很猖獗，部分原因是缺乏版权立法，更重要的原因则是印刷和销售这些书籍的利润丰厚，以至于各出版商和书铺竞相逐利。翻印也有助于律典和其他法律文本在主要印刷中心之外的地方发行。在 120 种坊刻版律典中，有 49 种缺乏出版商、编者信息，其中大多数明显是翻印了流行的杭州版。这些无授权翻印很多是在不太知名的印刷中心制作的，比如江西（聚文堂声明中提到过）和福建。例如，四堡的在兹堂作为闽西乡间印刷中心，在 19 世纪初印刷了坊刻版律典。一些大型出版中心的书坊则建立了广泛的图书销售网络，比如琉璃厂的善成堂出版了 1888 年版律典，这家店在汉口、成都、重庆、济南、江西浒湾镇、山东东昌、直隶泊头镇都设有分店。流动书贩和这些图书销售网络的分支机构，能将律典和其他法律书籍卖给沿海城市及京城之外的读者。①

　　晚清以来，存世的坊刻本种数激增，同光年间至少制作了 52 种坊刻版，占到清代所有坊刻版的 43% 以上（表 2-1）。现存律典中晚清版本比例更高的原因之一可能是晚近出版的书籍更容易留存。另一个可能的原因是，清末律典的需求量很大，因此出版商出版的版本比前几个时期多。法律文化、司法实践和国际局势的变化，可能是晚清士大夫对法律规定和法律教育兴趣高涨的原因。地方社会普遍存在的积案和高诉讼率引发国家对官员法律知识、审案能力的关注。

---

① Brokaw, *Commerce in Culture*, 398, 189 - 267；Ting Zhang, "Buying and Selling Law Books," 112 -119. 在兹堂印刷的图书被列入出版商印刷书籍清单，但不幸的是没能传世。善成堂的图书销售网络，见 Brokaw, "Empire of Texts," 215 -216.

1866 年，政府针对新任官员的法律培训和考试出台了史上最严格的规定。此外，第一次鸦片战争后，法律上的帝国主义和治外法权成为对中国主权的主要威胁，从而法律制度、法律研究引发了新的公众关注。清末，京城及各省省会都开设了法政学堂，清律经常被用作教材或主要参考书。[1]因此读者对律典的需求可能有所增加，促成了晚清商业出版活动的繁荣。

＊＊＊

从明朝至清末，律典印刷出版的商业化和商品化程度大幅提高。在法律知识的及时传播方面，市场的力量逐渐取代官府。明代官员和官府在律典的编纂与出版中担纲重要角色，但清朝从事律典编辑、汇纂和校对的多是幕友，他们虽受聘于官员，但并非官僚机构的正式组成部分。幕友可以在工作中获得那些以官僚机构为渠道传播的最新法律信息，他们在汇纂、编辑和更新律典内容时利用了这一点。尽管官员仍然会参与商业版律典的出版活动，但他们通常只是撰写序言，而不再直接从事编辑、汇纂和出版。他们与明代前辈相比，在法典出版过程中的重要性下降了。此外，清朝律典的大部分版本是由营利性的出版商出版，在杭州、北京、苏州、上海及其他中心城市的书店中销售，很少有省级或州县官府参与律典的编辑和出版。

幕友在商业版律典及其他法律书籍的编辑和出版中发挥了主导作用，成为这个不受控于清政府的新型法律专业团体

---

[1] 王健：《中国近代的法律教育》，中国政法大学出版社，2001，第 153～217 页。关于晚清法律帝国主义和治外法权，详见 Pär Cassel, *Grounds of Judgment*；Li Chen, *Chinese Law in Imperial Eyes*.

兴起的缩影。法律专业化（legal professionalism）在明朝最后一百年间的兴起，是中国法律文化早期近代性萌芽的重要组成部分。在明代，大多数法律专家在中央政府中担任司法官员；但清朝的情况在以下方面发生了显著变化。第一，是幕友而非司法官员构成了清朝法律职业群体的核心，1711～1911 年年均约有 3000 名幕友在清代的各级衙门里工作。①幕友受聘于官员个人，不受国家为治吏而设计的各种行政法规的约束。尽管在清代（尤其在清中期）朝廷曾试图建立制度管控幕友，但有证据表明，大多数努力以失败告终——有清一代的幕友基本不受国家控制。第二，幕友培养了自己的职业身份和独立性，这表现在"幕道"这一新话语的出现，陈利将其定义为"一种有关幕友职业训练、能力、实践、道德和责任的标准的原则和共识"。②乾隆晚期以后，以三栏印刷的商业版律典的兴盛为例证，幕友专业群体形成了对法律的共同认识，这种认识与国家编纂和印刷律典的标准差别很大。幕友通过编辑、出版律典，不仅为自己赢得了权威性和文化资本，而且在司法实践中以多种方式重新定义和解释了律例。如果说国家法律职业群体独立化的进程是法律近代化的关键之一，那么清朝法律系统显然具有一些早期近代特征。

商业版律典的编纂、出版和流通不同于国家授权版。坊本的数量比殿版多得多，更新也更频繁。坊刻版更容易买

---

① Wu Yanhong, "The Community of Legal Experts," 207 – 225; Li Chen, "Legal Specialists," 1.

② Li Chen, "Regulating Private Legal Specialists," 254 – 270; Li Chen, "Legal Specialists," 25.

到，它们在几个主要图书市场的书坊中有售，只要买得起的人都买得到。除了律典中的律例原文，坊刻版还向读者提供了详细的律例注释、新条例和案例、各部则例、交叉索引及其他有用的法律知识。坊刻版的目标受众包括官员、幕友、生员和其他文人，范围上也比殿版的读者广得多。坊刻版被官僚机构内外的人广泛传播和利用。司法机构的正常运作取决于法律信息的及时传播和及时更新。商业法律书籍在很大程度上向在清代法律体系中工作的人，特别是官僚机构中的基层官员和幕友提供了此类信息。但坊刻版对司法系统的影响，不仅限于给官员提供最新的版本。如本书下一章所示，坊刻版以其三栏版式和增补的法律信息对清代各级司法机构的法律推理和司法判决产生了重要影响。

第三章　律典的阅读

　　1835 年夏天，因为道光帝决定召见翰林院即将外放到各省做官的人员，翰林院编修张集馨得以入宫觐见。道光帝问完张集馨的履历差事后，告诫他要读"有用之书"，不要花过多时间阅读和撰写"无用"的诗词和散文："汝试思之，词章何补国家。"在这场召见的末尾，道光帝再次强调要读有用之书："汝在家总宜读经世之书，文酒之会，为翰林积习，亦当检点。"①

　　所谓有用之书，在道光帝看来，显然是那些经世致用之书。嘉道年间，经世思想和实学开始复兴。危机之中，越来越多的官员和学者关注那些有助于经济运行、行政管理、法律制度、社会福祉等方面的知识和技术。包括律典、会典、

---

① 　张集馨在《道咸宦海见闻录》中记录了这次召见，此书直到 1980 年代才得以出版。书中的信息应该相对可信，在多数情况下，张集馨似乎都很坦诚。与当时的大多数官员相比，张集馨写作时并无意出版，也没有过度吹嘘自己的功绩。参见张集馨《道咸宦海见闻录》，杜春和、张委清整理，中华书局，2008，"序"，第 1 ~ 13、20 ~ 21 页；Will，"Views of the Realm in Crisis，" 135 – 137.

官箴书、名吏文集和《皇朝经世文编》在内的有用之书，经常与"陈陈相因之经注、无关要道之谱录、庸猥应酬之诗文集、鄙陋不根之方志、书帕馈赠之小品、变名射利之评本、程试凑集之类书"等"无用之书"相对比。[①]

道光年间，清帝国面临官场腐败、地方叛乱、外敌入侵等多重挑战。道光帝认为选用有能力的地方官是解决国家问题的关键。他接见张集馨时的一席话表明，让浸淫于儒家经典的翰林院官员读经世有用之书，能使其为将来到地方上任做好准备。包括张集馨在内的大多数清代官员通过了科举考试，但考察重点是应试者的文才，而非他们的行政能力和法律知识。在准备竞争激烈的科举考试时，考生极少有余暇和精力去阅读关于法律和行政管理的书籍。张集馨在《道咸宦海见闻录》中也没有提及他在考取功名之前读过此类书籍。他出生在江苏仪征一个清贫的文人家庭，师从多人，学习儒家经典。20岁出头通过乡试后，他来到北京，一边准备会试，一边在一位官员家里当塾师。29岁时他中进士，入翰林院。到1835年，他已经在翰林院工作了了七年。得到道光帝召见的张集馨，当时是个前程无量的年轻官员，虽然他向往从事地方行政职务，却毫无实际经验。于是道光帝在召见时才会两次告诫他读有用之书，为将来上任做好准备。

一年后的1836年，张集馨就任山西朔平知府，开始了他长达三十年的为官生涯。1836~1865年，他历任知府、道台、按察使、布政使及几个省份的署理巡抚。19世纪的清代

---

① 方大湜：《平平言》卷1，《官箴书集成》第7册，黄山书社1997年影印本，第3a~7a、48a页；张之洞：《张之洞全集》第12册，苑书义等主编，河北人民出版社，1998，第9793页。

地方政府往往积案累累，有时高达数千起。清理积案能提升官员的声誉和有助于晋升。张集馨虽然是受儒家经典教育的士大夫，但对法律规范和法律程序有着惊人的了解。他在《道咸宦海见闻录》中没有吹嘘自己的法律知识和行政知识，但是在山西任知府之初，他解决案件的技巧和信心也是显而易见的。张集馨在京城等候任命时，很可能就已通过读书获取了法律与行政技能方面的知识。他在代理太原知府时，仅半年就解决积案两百多起。他在《道咸宦海见闻录》中表达了对幕友的不信任，他坚信官员本人的法律知识要过硬，要能够独立自主判决案件，才能避免被自私自利的幕友所欺瞒或误导。他在山西为官时，对诉诸公堂的词状均亲自批复是否受理，而非依靠幕友。他在福建任巡道时，也亲自审阅州县提交的案件卷宗，仅让幕友处理日常文书工作。[①]

在府、道、省级官府为官期间，张集馨都非常重视获取法律知识和积累实践技能。他经常与幕友讨论疑难案件如何判决才能允当。他强调应当对缺乏经验的官员进行法律培训。他在任太原知府时，将二十多位初仕知县派去发审局，让他们习得实用法律经验。他还命令这些新任官员在工作见习之余阅读律典，白天讨论。他在发审局设出勤册，监督官员的法律学习。通过这次培训，张集馨相信新任地方官将更好地为今后的工作做好准备。他写道："后各员补缺，于例案俱有把握，不致受制于人。"[②]

[①] 张集馨：《道咸宦海见闻录》，"序"，第3、16～20、22、44、45、60、115、475～478页。

[②] 张集馨：《道咸宦海见闻录》，第42、115页。发审局的更多情况，见 Ocko, "I'll Take It All the Way to Beijing," 307.

张集馨的经历表明，未受正式法律培训的官员也能对法律知识有一定了解。毕竟，司法行政是清代地方行政的重要组成部分，听讼问案是地方官的工作常态。即便有了幕友的帮助，也很难相信全无法律知识的官员能够胜任工作。而对于像张集馨这样的官员而言，阅读律典、律学著述和官箴书可能是其获取法律知识、为审判工作做好准备的最重要途径。这些书在清朝是以官员负担得起的价格在广为印刷和传播的。

一　关于官员法律知识的法规和政策

清律明文要求官吏应通晓法律，否则将受到惩罚。"讲读律令"条这样规定："凡国家律令，参酌事情轻重，定立罪名，颁行天下，永为遵守。百司官吏务要熟读，讲明律意，剖决事务。每遇年终，在内在外各从上司官考校。若有不能讲解、不晓律意者，官罚俸一月，吏笞四十。"①除律典外，诏令和行政规章中也强调了对官员法律知识的考察。例如，刑部1725年宣布，所有低阶司官每年年底必须参加一次考试，背诵一条律典中的律文，考试结果关系到是否能晋升。②

清中期以后，司法系统承受积压未决案件的压力与日俱增。清廷一再强调地方官应尽快清理积案，因为积案不仅延长了涉讼者经受苦难的时间，还可能影响社会稳定。晚清官

---

① Jones, *The Great Qing Code*, 89.
② 《钦定大清会典事例》卷749，第18b~19a页。

员面临的形势，相比清前期、中期的官员要更具挑战性。他们必须受理更多的案件，还要更有效地解决案件。官员为此提出了很多建议以提高司法系统的效率、解决积案问题，其中就包括对新任官员进行法律培训。1860 年，刑部制定了一项规章，要求到部所有司官跟从现任司官见习两年，学习法律规范和司法实践，培训完成后才能独自负责办案。①

随后数年中，一些官员试图劝说朝廷将这种培训扩大到整个官僚群体，并为全体初仕官员创立一种新的法律考试形式。②清廷响应了这些建议，于 1866 年出台法令，对新任官员的法律培训和考试制定了严格的规定。谕旨指出："律例有关政治，庶司百职平时均应加意讲求，精思熟习。"谕旨首先要求在京各部长官考察新任官员对本部则例的了解，如果新任官员不熟悉部门规章，将被咨回吏部，等待再次开缺（这令人生畏，因为在晚清，这种等待过程通常要几年，甚至更久），或者他们可以在部中再留三年，以学习法令和行政规章。谕旨接着要求各省督抚为试用官员举办考试，内容围绕《大清律例》，官员的考试结果将决定其是否能、何时能获得一个好职位，如果试用官员不能通过考试，则将受到甄劾。清廷希望通过这种方式使官员更重视法律学习。"经此次严谕之后，内外大臣，务须通饬所属各员，平日讲明律例，于公事详细剖决，毋得假手胥吏幕友，任意颠倒，以除积弊而整纪纲。"③有证据表明，至少在某些省份，这项政策得到了执行。例如，《京报》中摘录了一些光绪年间山西巡

---

① 《清实录》第 44 册，卷 323，第 782～783 页。
② 清史编纂委员会，录副奏折数据库，档号：03－5017－033。
③ 《清实录》第 49 册，卷 172，第 109 页。

抚汇报考察新任官员《大清律例》的奏疏。在这些奏疏中，巡抚重申圣旨之意，说他根据旨意对本省新到任的试用官员进行考核甄别。这表明该政策至少在光绪初年的山西还在施行。①

除参加法律考试外，晚清许多新任和候补官员必须在本省的发审局接受一年法律培训。发审局最早是在嘉庆朝的几个省份建立的，起初是个临时机构，通常设在省会，旨在协助省级官员清理积案和调查京控。② 从道光年间开始，发审局逐渐制度化，并在大多数省份成为常设机构。发审局在省级司法系统中发挥关键作用，职责包括处理京控交审案件、提省后发交案件、刑部驳回之案。③发审局中多数人员是候补官员，他们虽然拥有官衔，但仍在等待职位空缺。许多省还派遣新任州县官到发审局接受法律培训，正如前文所述张集馨在山西的做法。例如，1877 年山东巡抚在奏折中称将新选高苑县知县委派入发审局："惟州县为亲民之官，听断乃牧令要务。臣接见该员，人尚安静朴实。第系初入仕途，甫经到省，于地方之利弊，民情之诚伪，尚属未能尽识。现当清

---

① 《京报全录》，《申报》1874 年 1 月 11 日，第 4～5 页；1875 年 6 月 5 日，第 4～5 页；1875 年 7 月 7 日，第 3～4 页；1876 年 2 月 10 日，第 4～5 页；1876 年 12 月 18 日，第 3～4 页；1880 年 8 月 5 日，第 3～5 页；1880 年 9 月 1 日，第 3～4 页；1880 年 12 月 10 日，第 4～5 页；1881 年 4 月 8 日，第 3～5 页；1881 年 5 月 6 日，第 3～5 页；1881 年 10 月 24 日，第 3～4 页。

② 张世明、冯永明：《"包世臣正义"的成本：晚清发审局的法律经济学考察》，《清史研究》2009 年第 4 期；Ocko, "I'll Take It All the Way to Beijing," 307.

③ 李贵连、胡震：《清代发审局研究》，《比较法研究》2006 年第 4 期，第 16、22 页。

理积案之际，已将该员委入谳局，帮审案件，借资历练。俟该员地方公事较为熟谙，再行饬令赴任。"①

再如，1897 年，江苏巡抚派新任如皋知县单儒绅和六合知县严义豫到发审局学习。他在奏疏中解释原因："该两县近来民情刁诈，讼狱繁多，非明练之员难期胜任。该令单儒绅等初登仕版，诸未谙练，现经留省，派委江宁府谳局，随同帮审案件，以资历练。"同样，根据笔者读到的 1872 ~ 1910 年的清宫奏折，山东、四川、河南、山西、广西、直隶、广东、宁夏、甘肃、安徽、江苏、湖南、江西至少有 108 名新任州县官在发审局待了大约一年，学习法律和地方政务，并协助审理案件。②因此，在晚清，尽管没有成文法规，但很多督抚采取了将缺乏经验的新任知县送到发审局的策略，让他们可以在那里学习法律知识并获得司法和行政经验。

发审局是缺乏经验的官员接受法律实践培训的绝佳场所。送交发审局的案件通常错综复杂，多年未决。处理这类案件需要谨慎的工作态度和充足的法律知识。官员通常要学着阅读案卷，参与审判，靠自己而非幕友来提出判决建议。官员在发审局的表现将被仔细评估，这种评估将影响他们今后的任命或晋升。例如山西省发审局在 1836 年制定的开办章程规定："正委之员一年期满，如果勤于审案则给与酌委，其尤为出力真能听断明决者，禀请格外鼓励。委员帮办发审案件，如审结本省控案并命盗案件至三十起者，或审结京控

---

① 清史编纂委员会，录副奏折数据库，档号：03 - 5119 - 140。
② 清史编纂委员会，朱批奏折数据库，档号：04 - 01 - 12 - 0581 - 125。笔者在录副奏折和朱批奏折数据库中找到了一百余份督抚留下新任县令见习的奏折。实际新任官员在发审局见习的人数可能更多。

案件至八起者，均详请拔委一次；倘详请拔委之后又复审结本省控案并命盗案件至四十五起，京控至十二起者，再准详请拔委一次。"

发审局官员如有失职，或办案不力，则将被罚俸或受到处分，并影响将来获得实职的机会。①除处理实际案件外，发审局的主管经常要求新任官员阅读和解释律例。如张集馨所述，他在将二十余名新任县令委派发审局学习时，"每晚令阅律例，次日互相讲求"。②因此，通常经过这一年处理真实案件和学习律典的培训，新任官员可以获得宝贵的司法经验和扎实的法律知识。

清代统治者和官员显然关心法律知识和司法实践，但国家系统地将法律考试内容从科举科目中去掉。清初的乡试和会试都要求试判五篇，结构和内容都承袭明朝，但1756年乾隆帝下令废除所有试判，声称判题"沿习故套，则举子易于揣摩，何由视其夙学"。③此后，科举考试中无须试判。

此前一些研究认为，试判的废除说明清朝统治者忽略了候补官员的法律培训，不愿在社会上推行法律教育。④ 笔者

---

① 晚清发审局之运作，参见李贵连、胡震《清代发审局研究》，《比较法研究》2006年第4期，第21页；张世明、冯永明《"包世臣正义"的成本：晚清发审局的法律经济学考察》，《清史研究》2009年第4期，第18、19、21页。关于山西发审局之章程，见《晋政辑要》卷34《刑制 审断四》，转引自张世明、冯永明《"包世臣正义"的成本：晚清发审局的法律经济学考察》，《清史研究》2009年第4期，第19页。

② 张集馨：《道咸宦海见闻录》，第42页。

③ Wejen Chang, "Legal Education in Ch'ing China," 294；《钦定大清会典事例》卷331，第7b~8a页。清代科举考试的结构和内容，详见 Elman, *A Cultural History of Civil Examinations.*

④ 例如，Wejen Chang, "Legal Education in Ch'ing China," 294–296.

认为，废除试判更多表明的是，清朝统治者的策略是提高正规法律教育的门槛，以应对阶段性的社会人口变化，并不意味着他们对官员法律教育的无知或不重视。与前几个朝代相比，清朝由于人口增长，科举竞争更加激烈。大多数考生无法通过乡试，也无望成为官员。清朝统治者担心，如果他们在乡试中强调法律考试，考生可能对法律过于熟悉，落选者容易变成讼师，"煽动诉讼"和"破坏社会和谐"。[①]例如，监察御史易镜清在 1835 年递交的奏折中强调，官员应当具备充足的法律知识，因而建议恢复会试中的试判，但他坚持认为乡试中的试判是有害的。他在奏折中说："但行之乡试，人品不齐，刁生劣监，或因粗通律文，包揽词讼，挟制官吏，恐有流弊。"[②] 他接着解释说，能通过乡试的考生通常是具有真才实学和良好品质的，因此鼓励他们学习法律，并在会试中考察他们的法律知识就不会造成上述问题。因此，清朝统治者通过重视对基层官员的法律考试和培训，并取消科举考试中的试判，旨在让新任官员履职前掌握法律知识，同时减少科举落第者滥用法律规则、操纵法律制度的机会。

二　士大夫话语中的读律

为百姓主持正义是仁政的重要标志，及时和适当解决案件的能力则是对州县官员的基本要求。大多数清朝官箴书强调法律知识和官员办案技能的重要性。一本有名的官箴书作

---

① 事实上，不少落选者变成了讼师，详见 Macauley, *Social Power and Legal Culture*, 111 – 115.

② 清史编纂委员会，朱批奏折数据库，档号：04 – 01 – 38 – 0149 – 047。

者、知县徐栋写道："近今言政，特重刑名，以为官之考成所系，人之生死所关也。"①

清朝出版的官箴书多数鼓励官员，特别是新任州县官员，仔细阅读律典，熟悉法律条文和司法程序。②例如，田文镜和李卫这两位雍正朝知名的总督在他们的《钦颁州县事宜》中强调，初仕州县官员尤其应当注重读律："律例一书乃本朝之定典，万世之成宪也……百司官吏士庶，均应熟读讲明，而在州县中之初任，尤其须臾不可释手者。……初任牧令，其于办事之暇，即应将《大清律例》逐篇熟读，逐段细讲，务必晓畅精意。"他们还指出，律典中的律例是"出仕治人之大纲"，初仕官员不应浪费时间去吟诗作赋，而是应当钻研法律，因为"究心律例，所谓学问中实际也"。只有仔细研读法律，官员才能胜任工作，办理案件时才不会受制于幕友书吏，而民间的冤狱将大为减少。③

除了普遍强调法律在行政和治理中的重要性，官员和学者还指出为何为官者要熟悉法律，以及法律知识能怎样帮助他们施政。首先，许多人强调，充足的法律知识能使官员更有效地审理案件，避免在公堂上出丑。他们指出，虽然幕友能帮助官员准备案件中的大多数文书工作，但由于清朝制度并不允许幕友出庭，所以幕友不能帮助官员听讼。例如，经

---

① 徐栋：《牧令书辑要》卷7，江苏书局1868年版，第1a页。

② 官箴书的作者和目标读者都是官员（包括想成为官员者）和幕友。作者根据自身经验编写并出版此类书籍，作为入仕指南。关于官箴书的更多信息，见魏丕信《明清时期的官箴书与中国行政文化》，李伯重译，《清史研究》1999年第1期。

③ 田文镜、李卫：《钦颁州县事宜》，丁日昌编《牧令全书》，江苏书局1868年重印版，第28a～29a页。

验丰富的地方官方大湜指出："办案靠幕友，审案则全靠自己，非幕友所能代劳……平时多记几条律例，审案时乃有把握。"①相似地，光绪年间的地方官褚英在他的官箴书中指出，幕友"仅能帮内里文案，不能帮坐堂应酬"，因此官员应当经常细读法律书籍，掌握法律知识，以便在判决案件时可以有所借鉴。这样，官员在公堂上用恰当言语问案就能得到有用的供词。褚英写道：官员坐堂问案若是因为不了解法律而犯错，可能成为当地流言所指，甚至沦为"笑柄"。②

其次，许多官箴书作者对初仕者强调，如果他们不熟悉法律，幕友和书吏很容易操纵案件为自己谋利，导致司法体系的腐败和不公。一旦被发现，不仅扰乱地方行政，增加含冤者，还会毁了官员的前程。③讼师也会利用官员对法律的无知。许多官员和幕友就说，如果官员熟悉法律，在审判中展现对自己的法律知识的自信，就会吓跑讼师，从而减少诬告，保护当地百姓的财富和生计。刘衡在《蜀僚问答》中写道："禁制棍蠹诬扰，在熟读律例。或问何以除弊？曰：熟读《大清律例》而已。"汪辉祖也在他负有盛名的《学治臆说》中指出：官员应当透彻地研读法律。在坐堂问案时，他们不能经常询问幕友。如果官员在决断时哪怕表现出一丝犹豫，讼师就会立刻发觉官员对律例不熟，并在将来对此加以利用。另外，如果官员熟知法律，并能在公堂上迅速妥当决

---

① 方大湜：《平平言》卷 1，《官箴书集成》第 7 册，第 5b 页。
② 褚英：《州县初仕小补》卷 2，《官箴书集成》第 8 册，第 9a～9b 页。
③ 田文镜、李卫：《钦颁州县事宜》，丁日昌编《牧令全书》，第 28a～29a 页；贺长龄编《皇朝经世文编》卷 21，文海出版社 1966 年影印本，第 15a～15b 页。

断，讼师就会畏服，诬告自然减少。这将减轻地方的司法负担，对官员也大有好处。[①]

清代官员普遍将腐败、积案、诬告、滥诉等许多吏治和社会问题归咎于幕友、书吏和讼师。虽然许多官员对幕友、书吏和讼师的指责并不属实或并不公允，但官员对这些群体的畏惧则是真实存在的。[②]官员经常暗示，帝国晚期的知县、知府面对的局面相当具有挑战性：在他们试图治理的地方官府和社会中，很多人熟悉法律。在那个商业印刷品既丰富又高质量的时代，原本属于官员特权和政府秘密的法律文本和法律知识被广泛传播、大量印刷，使人们更容易获得和学习。因此，阅读律典和学习法律知识，是官员得以在这个法律知识更加普及、司法实践更加错综复杂的官僚机构与地方社会中工作的必要条件。

最后，清代学者指出，读律是自省的一种方法。通过仔细阅读律典中的律例，读者能变成更有修养和品德的士人，更有能力的官员。例如，19世纪初颇具影响力的思想家、幕友包世臣在《读律说》一文中明确表达了这一观点："仆于友生之绩学工文者，无不劝其读律。或以为知其必将出而问世，故预习法家，以免受欺幕客，而不知非也。吾人既多见闻有文采，则父兄钟爱，友朋钦服，放旷襟怀，易涉邪僻。其所学又足以拒谏饰非，谁复能匡救其恶者？惟读律而内讼行习，或丽科条，无可自欺，则必惭惧交迫，

---

① 刘衡：《蜀僚问答》，《官箴书集成》第6册，第2a页；汪辉祖：《学治臆说》，《官箴书集成》第5册，第8a～8b页。

② Bradly Reed, "Money and Justice," 345 – 379；Macauley, *Social Power and Legal Culture*, 18 – 145.

是省身之要术也。"①

　　包世臣接着指出，如果某人感到畏惧和羞耻，就会努力弥补恶行，这样就会乐于助人，坚持对地方社会的教育，做出造福世人的善举。当他将来为官，可能会成为慎恤并至，为地方造无穷之福的官员。因此，阅读律典和学习法律知识不仅有益于司法行政和地方社会，还能引导士大夫进行自我反省和自我修养，使其"省身""成人"。②

　　法律不仅是纯粹（非道德）的社会调节工具，作用于儒家道德教化失败之处，而且是道德修养的重要组成部分，持此观点的并非只有包世臣一人。了解法律，会令人感到恐惧和严于律己。清代士大夫每当写到阅读律典和学习法律时，经常使用的表述，如"律己""修身""立命""成人"等，都与儒家的自我道德教化相关联。一位清代官员这样谈论阅读律典："士君子皆当置一通于座右，以为修身立命之助……庶使执法之吏有所把握，而坚其好生之心；亦俾婞行好修之士，人人案头有一编，以当明道之素问，于以致和气而佐太平，未必非一助也。"③ 读律不仅有助于士大夫的修养，从长远来看更有益于百姓和世界。正如广东按察使张嗣昌在1745年为《大清律辑注》作序时所言："是书也，近之可以树身，远之可以善世。推而行之，是以资治。不可谓非有用之书乎哉？"④

---

① 包世臣：《安吴四种》，1872年序刊本，卷31上，《读律说（上）》，第1a～1b页。

② 包世臣：《安吴四种》卷31上，《读律说（上）》，第2a、1b页。

③ 《大清律例辑注》（1745），"蒋陈锡序"，第1b页。

④ 《大清律辑注》（1745），"张嗣昌序"，第2a页。

对官员读律的强调，也符合晚清官员学习态度的变化和对理想角色的新解。正如本章开头所述，晚清是实学和经世思想复苏的时期。关注实学的官员坚信治学应当有用，也就是说对修身与治国有用。面对相当复杂微妙的晚清社会，许多信奉治术的学者和官员认为，仅通过道德正统和以身作则（理想的儒家治理方式）来指导百姓是不够的。官员还应精通水利、荒政、司法、行政等领域的各种实用方法和技巧。[1]技术和知识对治国的重要性得到强调，而法律知识是官员必备技能的重要组成部分。崇尚经世致用之士大夫强烈反对在"无用"的文学创作中浪费时间，如写诗咏风咏云或背诵应试之赋。取而代之的是，士大夫应当花时间阅读"有用之书"，学习实用技能，以此来治理社会、造福百姓。

三　有用之书与清代官员的个人藏书

清朝繁荣的书籍市场便于读者获得律典及其他法律和行政书籍。许多官员和幕友拥有一部或几部坊刻版律典。他们把书放在案头，以便随时查阅。正如道光朝一位巡抚饬令下属州县官应熟读律例时所言："《律例》《洗冤录》，想亦案头所有……嗣后于办公之暇，将《大清律例》及《洗冤录》二书，每日反复披阅，深思熟读。"[2]拥有律典改变了官员阅读法律文本和接触法律知识的方式。阅读律典及其他坊刻书籍是学习法律行政知识的基础，对此许多清代官员已达成了

---

① Rowe, *Saving the World*, 3, 134-137.
② 贺长龄编《皇朝经世文编》卷 21，第 15b 页。

共识。在我读过的 70 多种官箴书中，有 3 种包含了给官员的详细书单。以这些书单为基础，本节探讨官员买了哪些书，以及他们认为应该读哪些书。

表 3 - 1　三份书单中的法律书籍

	刘衡	方大湜	延昌
国家法典	大清律例	大清律例 大清会典	大清律例 大清会典
部门规章	处分则例	处分则例 学政全书	六部处分则例 各部各司则例 吏部新定保举章程
案例集	驳案新编 鹿州公案	驳案新编、续编 鹿州公案 刑案汇览 折狱龟鉴	驳案新编、续编 秋审实缓比较
官箴书	福惠全书 佐治药言 学治臆说 实政篇	福惠全书 佐治药言 学治臆说 实政录 梦痕录节钞 庸吏庸言 蜀僚问答	福惠全书 居官日省录
法医学手册	—	洗冤录	洗冤录详节
法律手册	—	—	军卫道里表 律例便览 名法指掌 律表
条约	—	各国通商条约	—

资料来源：方大湜《平平言》卷 1，《官箴书集成》第 7 册，第 3a～7a 页；刘衡《蜀僚问答》，《官箴书集成》第 6 册，第 15b～16a 页；延昌《事宜须知》卷 1，1885 年序刊本，《官箴书集成》第 9 册，第 9a～11a 页。

第一份书单来自方大湜的《平平言》，一部出版于 1878

年的官箴书。方大湜是湖南人，推崇实学。他被公认为"循吏"，1855～1878 年在湖北历任广济县知县、宜昌府知府、武昌府知府等职，是名经验丰富的地方官。《清史稿》评价其为"大湜生平政绩，多在为守令时"。①任官期间他编写了官箴书《平平言》，打算作为家训传给当时正在准备参加科举的子孙。②书中共有 284 条建议，都是如何在晚清困难丛生的官场中为官的务实指南。方大湜的文风直白、平实、易懂，正如父亲教子一样，显得真挚诚恳，没什么粉饰或自夸。方大湜的 284 条建议涵盖了当时官场的方方面面。

《平平言》中有条指示是"候补宜读书"。方大湜指出，官员候补的那些年，是他们阅读有用之书为将来正式工作做好准备的最佳时机，"候补人员欲不惑于邪说，非读书不为功。经史之外，莫如读吏治书，莫如多读本朝之吏治书"。方大湜随后提供了一份包含 38 种书籍的清单，作为候补官员的"应读之书"。这些书几乎都与行政管理和地方官府实际运作有关，涵盖了法律、农业、救荒、水利、军事等领域。方大湜尽管提及了几本史书，如《历代名臣言行录》和《史传三编》，但他着重强调了候补官员应读经史之外的实用书籍。他的解释是，"一行作吏，虽不能效经生家中日呻唔"，官员必须阅读与实际管理技能和法律知识相关的有用之书。方大湜认为，"设官原为百姓"，官员不应把时间浪费在阅读"无关百姓痛痒"的无用书籍和学习无用技能上。③

---

① 参见赵尔巽编《清史稿》卷 479，第 13082～13083 页。
② 参见方大湜《平平言》，《官箴书集成》第 7 册，"杜贵墀序"，第 1a～4a 页。
③ 方大湜：《平平言》卷 1，《官箴书集成》第 7 册，第 3a～7a、48a 页。

　　方大湜不仅列出了必读的《大清律例》、《大清会典》、处分则例等国家法规，还有各种有助于官员理解法律并将其付诸实践的书籍（表3-1）。他写道："（官员应当）以法令为师，平日多记几条律例，审案时乃有把握。"他建议候补官员阅读包括《刑案汇览》《驳案新编》等案例集，阅读案例集有助于官员理解法律规范的真正含义，并在判决案件时选择准确、适用的法律。他在推荐的案例集旁边写道："成案情节不一，多有律例所未赅载者。"除案例集外，他还推荐了多本受欢迎的官箴书。这些官箴书包含不少地方官根据自身经验解释法律规则和法律程序的章节，如《福惠全书》和《佐治药言》。方大湜认为，有关法律的书显然是有用之书，阅读这些书籍不仅有利于施政和社会，也有利于官员自己的仕途前程。

　　方大湜并非唯一将律典、案例汇编和官箴书列入推荐书目的清代官员。晚清有名的地方官、几本颇具影响力的官箴书作者刘衡在《蜀僚问答》中写道："或问律例之外，尚有裨益吏治之书乎？"刘衡随即用一份精选官箴书、案例集的简短清单作答（表3-1）。在刘衡看来，律典显然是官员要读的最重要书籍之一，但官箴书和案例集也是"裨益吏治之书"。① 刘衡书单中几乎所有的书，都出现在方大湜的书单上。这两人，可能还有更多同时代的士大夫，都认为这些有用之书是官员必须仔细阅读的核心书目。

　　第三份书单来自晚清满洲官员延昌，他在所著官箴书《事宜须知》中列举了他离京到广西浔州赴任时随身携带的

---

　　① 刘衡：《蜀僚问答》，《官箴书集成》第6册，第15b~16a页。

31 种书籍。①他的书单可分为七类：法律法规、谕旨、官箴、礼仪制度、历史地理、文学小说、医书。延昌的书单比方大湜的更长、更多样。方大湜的书单几乎没有包含诏令类书籍（如《朱批谕旨》）、礼仪类书籍（如《大婚典礼》）、文学小说、医书。而延昌则列出了许多此类书籍，他甚至带上了《聊斋志异》《红楼梦》等通俗小说。两份清单的差异在于，方大湜的清单中列举的是官员应读之书，而延昌的清单则是他实际携带之书，也就包括了他在业余时间想读的书。显然，延昌不仅关心如何称职地做官和如何应对州县的行政、法律挑战，他还考虑了自身的健康、消闲和未来晋升。

　　尽管延昌不像方大湜那样与实学及经世运动有明显关联，也没有方大湜那么多经世之书，但他和方大湜一样对法律书籍和官箴书感兴趣。延昌带上了至少 11 种有关法律法规的书（表 3 – 1）。延昌列出的关于法律法规的书，种数多于其他类别。他觉得自己在广西担任知府会用到这些法律书籍。从他选择的法律书籍来看，他关心的主要是自身仕途，而这与他在辖区内办理案件方面的能力密切相关。他带上了有关官员升迁和处分的书（如《吏部新定保举章程》《六部处分则例》），还带了至少两本法律图表书籍，即《律例便览》《律表》，法律图表是当时流行的一类清代法律读本，将简化的律例重新组织成表格，以便读者查找、援引和学习律例。②与方大湜和刘衡一样，延昌也在书单中加入了一些案例汇编和官箴书，如《驳案新编》《驳案续编》《福惠全书》

---

①　延昌：《事宜须知》卷 1，《官箴书集成》第 9 册，第 9a ~ 11a 页。
②　此类法律手册是清代的新现象，详见魏丕信《在表格形式中的行政法规和刑法典》，张世明译，《清史研究》2008 年第 4 期。

《牧令书》。因此，延昌赴任时所携带的书籍涵盖了多种类型的法律信息，从律例、会典、则例、案例到各种简化、明晰、重组和解释这些法律法规的书籍。这些书籍能为他在未来工作中提供可能需要的方方面面的法律和行政知识。

若这三份书单的作者有一定的代表性，则说明清代官员尤其是晚清的知县、知府在书单和个人藏书中都有不少法律书籍。方大湜、刘衡和延昌都是拥有多年工作经历的地方官，他们的经历表明，法律书籍对他们的工作非常重要，因此他们都建议同僚购买和阅读法律书籍。他们也都同意，除了最重要的法律书籍即律典，官员还需要阅读和拥有关于法律法规的其他书籍，包括行政规章、律学注释、案例集和官箴书。就作者推荐阅读的法律书籍的题目和类型来看，三份书单有很多重叠内容。这说明至少在清朝后期，官员很可能就一个法律知识的"核心书目"达成一致，以便积累法律和行政知识。这些书的绝大多数是公开流通在图书市场上的坊刻本。

四　读律

很多清代官员认为读律重要，他们拥有一部律典，也将其列入书单，但拥有律典是一回事，阅读律典，尤其是高效、有效地读懂律典内容则是另一回事。律典因其内容复杂、卷帙浩繁而出了名的难读。尽管编者有明确的分类标准，即根据中央六部的分工而将律例分为六类，但事实上，许多处理类似罪行的律例分布在不同章节。另一个理解律例的困难是，不同的罪行对应差异细微的刑罚。立法者试图对各种情况下的犯罪行为都指定确切刑罚。如果读律者读得不够精细，很快就会迷失在看似相同却导致不同刑罚的海量情节中。虽然大多数官员是受过多年儒家经典训练的高级读者，但他们通常认为阅读律典和彻底理解法律非常困难。正如一位清代官员所说："律文烦冗，几同晋乘，无文可采，读之易为昏然欲睡。"①

为了帮助官员克服各种困难，许多官箴书作者总结了读律的理论和方法，通常是基于他们自己的阅读经验。大多数作者承认，让官员一一阅读并记住律典中的所有律例是不切实际的。他们建议官员先关注对其最有用的章节。正如清初著名律学家王明德所言，读律的首要原则是"扼要"。他指出，读律与读经大有差异，"倘仍一如老儒幼学，自首至尾，遍为丹铅，将卷末启而倦怠生，目甫寓而百冗集"。当官员在工作压力下读律时，情况更糟，"大狱在前，期复逼后，胸次茫然，心旌摇眩"。他认为，此时的官员几乎是无法充分读懂律典的。王明德的解决办法是，先选择最重要的"贼盗""人命""斗殴"章节仔细阅读。王明德指出，这些篇章只包含约 70 条律、130 条例。他还强调官员应特别注意"名例"一篇，因为其中解释了律典中用刑的一般原则和一些特定术语的含义。在重要篇章的读法上，王明德的建议是，官员不要试图一次性读完全部，而要每天阅读几条律，做笔记，考虑每段、每款、每句乃至每个字眼的确切含义。通过经常温习所读内容，官员可在数月内掌握这些律例的确

---

① 王明德：《读律佩觿》，何勤华等点校，法律出版社，2000，第 1 页。

切含义。①

　　另一位有名的律学家汪辉祖也有一套读律办法。因为他在担任知县前已经做了多年幕友，他清楚这两类工作的差别。他指出，幕友以法律专业知识谋生，需要记住全部律例；官员几乎没有余暇，因此最应当学习的是与他们审案最相关的章节，如"名例""田宅""婚姻""贼盗""人命""斗殴""诉讼""诈伪""犯奸""杂犯""断狱"。至于法典中与地方刑事、民事案件关系不大的篇章，如"吏""礼""兵""工"等篇，汪辉祖暗示官员可以留给幕友。②

　　除了集中阅读重要篇章，很多清代官员还表示，与幕友的讨论也将有助于更有效地读律。刘衡写道，审案之前，官员应当找出与案情相关的律例并仔细阅读，与幕友讨论。这样官员可以逐案积累法律知识，从长远来看能够把握律例含义和应用。③历任直隶平泉、丰宁、滦平诸地方州县官的穆翰也指出，官员应该腾出时间与幕友讨论法律规范和案件。他说，如果官员虚心求教并表现出好学之意，幕友都会愿意与之讨论律例。官员还可以仔细阅读已完结案件的材料，来学习如何在实践中使用法律。这样，官员至少可以对律典中的律例有大致了解，就算不记得所有律例内容，也能够离开幕友自主办案。④

　　正如上述书单中的建议，很多官员指出，阅读律典还应

---

① 王明德：《读律佩觽》，第 1~2 页。

② 汪辉祖：《学治说赘》，《官箴书集成》第 5 册，第 8a~8b 页。

③ 刘衡：《蜀僚问答》，《官箴书集成》第 6 册，第 4a~4b 页。

④ 穆翰：《明刑管见录》，1847 年序本，第 5b 页。

当结合其他书籍和法律文件，尤其是官箴书、案例集和则例。只有细读律典和上述书籍，官员才能获得全面的法律知识，使其能够实际处理现实中的案件。例如刘衡在《蜀僚问答》中写道，官员熟悉律典中的律例后，就应该阅读《驳案新编》和处分则例。刘衡写道，通过细读案例材料，官员能够明晰各种相似条款之间的微妙差别，思考在实践中如何运用法律。当阅读处分则例时，官员能对司法程序中各种行政违法行为保持警惕。如果他们知道边界在哪儿，办案时就更胸有成竹。①因此，刘衡认为，官员应当同时阅读律典、案例集和处分则例三类书籍。

遵循这些方法，阅读律典和学习法律对官员来说似乎就不那么可怕。虽然幕友可能需要数年接受法律培训，但很多官员提到，数月时间足够他们阅读律典并熟悉那些工作中将会用到的律例了。例如，汪辉祖说，照他的方法，官员可以在几个月内学到工作所需的法律知识。刘衡回忆自己的读律经历时也说只用了 8 个月就彻底了解了法律。②

清代官员积累法律知识的方法主要有三。第一，阅读律例原文，并配上官箴书、案例集和处分则例，这些在图书市场上都容易买到。第二，与自己的幕友就法律条文和司法实践进行讨论。第三，进行司法实践。其中，细读律典最为重要，清代官员的建议是选择性阅读，但要集中深入、日积月累地获取法律知识。

---

① 刘衡：《蜀僚问答》，《官箴书集成》第 6 册，第 4b 页。
② 汪辉祖：《学治说赘》，《官箴书集成》第 5 册，第 8b 页；刘衡：《蜀僚问答》，《官箴书集成》第 6 册，第 3a 页。

五　律典作为文本

有西方阅读史研究者指出："任何阅读实践的历史……必然同时是书籍文本本身与读者所留下的证词的历史。"①上节讨论的是阅读律典和积累法律知识方法的读者看法，本节则侧重于从律典的内容方面，探讨律典文本的印刷格式和组织方式，特别是每页三栏的坊刻版是如何影响清代读者的阅读体验及其对法律的解释和运用的。

在每页三栏的版式中，商业编辑将殿版律典的原文保留在最下栏，在最上栏添加了交叉索引，中间栏的内容包括了私家注释、案例、则例等。在坊刻版中，附加法律信息的比重通常远远超过了殿版律例。例如，1870 年殿版律典，"犯奸"条下只包含 1 条律、14 条例；在 1873 年的坊刻版中，编者在这条下附上了至少 28 个案例、8 段注释、2 条则例和 1 个交叉索引。②

三栏版律典是晚明以来商业印刷文化演变的产物。万历年间，多栏套印的印刷形式开始流行。③晚明的出版商对几种流行的文类，如杂剧、日用类书等，都广泛采用多栏套印格式。在多数情况下，印在同一页面不同区域的文本互不相关。商伟指出，晚明出版的戏曲、杂书，多栏套印的版式至少有两个意义：一个是"一种把纷繁杂乱的内容有序地组织起来的手段"，另一个是"给读者提供选择，让他们翻页时

① Cavallo and Chartier, *A History of Reading*, 3.
② 《大清律例会通新纂》（1873），卷 31，第 3197~3224 页。
③ Shang Wei, "Jin Ping Mei," 204.

能自由选择阅读的内容"。何予明指出，一页多栏的版面布局能经常打断线性流动的阅读过程。多栏印刷的书籍为读者提供了更多的选择权，使得读者可以在选择文本、形成联系、探讨文本意义等方面发挥更主动的作用。多栏版还改变了各栏中文本内容之间的关系，促进了文本之间的竞争。因此，编者使用多栏版式，并在同一页的不同区域呈现不同文本，不仅彰显文本的选择（即读者选择阅读哪一栏的文本），更体现了文本之间的竞争（使得读者选择阅读它们而非印刷在同一页其他栏的文本）。①

清代出版商在坊刻版律典中采用了这种多栏版式。晚明出版商经常在同一页面印刷不相关、不同类的文本，而清朝律典的编者则将中栏、上栏内容遵循下栏国家颁布的律例内容。相对于其他两栏文本，下栏中的律例起着主导作用。注释和案例通常对下栏的律例加以补充，界定各种微妙的犯罪情节，并对律例没有规定的情况给出适当刑罚建议。

《大清律例汇纂》（1793）的编者在书中解释为何要加入案例："律例所未该，随事斟酌，以定爱书。则成案实足以辅律例也。……兹特择其酌轻酌重，不拘泥律例而仍与律例不悖者，采入此书。或详叙案情，或摘录事由，按类汇登，以备随时参阅。"②

坊刻版律典的凡例中普遍存在类似说法。一般说来，编者选择案例依据两个基本原则。第一，正如上文所言，案例不应"拘泥律例"，否则便不必入选。大多数案例似乎意在

---

① Shang Wei, "Jin Ping Mei," 204, 217; Yuming He, *Home and the World*, 77–78.

② 《大清律例汇纂》（1793），"凡例"，第1b页。

明确律例未能清楚说明的特殊情节和相应判决。第二，编者宣称，只选取"与律例不悖"的案例，而拒绝收入那些太奇怪、太特殊的案件。编者意在中间栏加入案例材料，使其作为可靠的和有一致性的法律参考，以帮助法官判决疑难案件，并拓宽读者对法律的认识。①

此外，中间栏的一些案例反映了较古老的律条在司法应用中的变化，指导读者密切关注最新的司法实践，而不是严守律条的字面含义。如一个附在"同姓为婚"律条之后的案例。这条律早在唐代就已制定，规定严禁同姓男女成婚："凡同姓为婚者，（主婚与男女）各杖六十，离异（妇女归宗，财礼入官）。"② 这则有着近千年历史的律条经历了各种修改，仍保留在帝国晚期的律典中。但附在这条律上的案例印在律条上方的中栏，则表明司法实践的变化。这是一起1789年的案件，唐化经殴妻致死，因为他和妻子同姓，依律二人婚姻无效，因此唐化经本应依照"斗殴及故杀人"条科刑，此条规定在斗殴中杀死凡人，斩监候。但刑部官员不满原判，认为唐化经和唐唐氏同居并育有子女，因而尽管婚姻违律，仍应有效。唐化经应根据夫殴妻之律判刑，绞监候，刑罚比原判低两等。

刑部对此案进一步解释说，"穷乡僻壤"常有同姓为婚者，"固不得因无知易犯，遽废违律之成规"，但刑部官员又接着说，"尤不得因违律婚娶之轻罪，而转置夫妇名分于不论"，因此，刑部官员虽不打算废除律条，但也不愿将此条

---

① 《大清律例汇纂》（1792），"凡例"，第 2a 页；《大清律例汇纂》（1793），"凡例"，第 1b 页。

② Jones, *The Great Qing Code*, article 107, 128.

严格适用于每个这类案件。坊刻版编者将案件记录在律条上方的中栏，在此之前，他们有评语提醒读者要遵循案卷中的原则，而非过时的律法："大部所议，情理兼美，问刑衙门即可遵此为则。特录于后，以备参考。"① 上述案例能为法官提供重要而实用的法律信息。它们是对国家颁布的律典中律例的重要补充和更新，如果读者只阅读殿版律例，就无法知道这些信息。

中栏印刷的私家注释在说明律例原文没能明确的各种情况时，与上述案例起到的作用类似。在很多情况下，私家注释还提出了法律适用的具体规则，解释了律典中的关键概念和关键术语。编者通常把律学注释放在中栏的开头，表明注释相对于案例更为重要。在下栏中，私家律学注释与国家授权版的小注通常用同样的字体和字号一起印刷，私家注释的行文显得果断而权威。尽管私家注释通常宣称它们遵从律例，并不刻意挑战国法权威，② 但它们对律例进行了详细的解释，有时会定义或重新界定律例的适用情节和条件。例如，第 366 条"犯奸"，律条提到"嫁卖与奸夫"："和奸……奸妇从其夫嫁卖，其夫愿留者听，若嫁卖与奸夫者，奸夫、本夫各杖八十。"③ 法律赋予丈夫将犯奸妻子卖给他人的权力，但严禁其将妻子嫁卖给奸夫。

但坊刻版律典在此律条上方的中栏的注释重新给出了此律的前提条件："此'嫁卖与奸夫'，指经官断后者言之，

---

① 《大清律例会通新纂》（1873），卷 9，第 1041～1043 页。
② Fu-mei Chang Chen, "The Influence of Shen Chih-Ch'i's *Chi-chu*," 206, 209.
③ Jones, *The Great Qing Code*, 347－348.

若不陈告而嫁卖与奸夫，律无正文，后'纵容抑逼'律内'买休卖休'下有注，'本夫杖一百，奸夫、奸妇各尽本法'。"①虽然原律和条例并未限制"嫁卖与奸夫"规定的范围，但注释指明，此法只适用于那些走完诉讼程序后将已被定罪的奸妇嫁卖给奸夫的丈夫。在那些通奸并未被正式起诉的情况下，将妻子嫁卖给奸夫者，注释指定，应根据律典另一条，判处丈夫杖一百，而非此条原先规定的杖八十。类似的对法律规定的重新定义、重新解读，在坊刻版律典中很常见。

很多时候，中栏的注释为旧律提供了新解，并告知读者要变通过时的律例以符合现在的司法实践。例如，第112条"强占良家妻女"律规定："凡豪（强）势（力）之人强夺良家妻女，奸占为妻妾者，绞（监候）。"②原律强调此条只针对豪强，但中栏的注释完全推翻了这一前提："今例不拘何等人，但是强夺奸占，即依此律，不必豪势。"③通过排除"豪强"作为适用此律的先决条件，注释重新界定了此律此时的适用范围。有时中栏的注释提醒读者要更新法律。因为相比律条，清代条例的更新更频繁，所以留在律典中的旧律有时与新例相矛盾。商业编者通过在旧律上添加"有新例"之类的注释来提醒读者注意这一点，由此期待读者在判案时不容易犯下引用过时律条的错误。

虽然坊刻版的读者并不像晚明多栏套印的文学作品的读者那样，能在不同栏中自由选择自己喜欢的内容，但清律的

---

① 《大清律例会通新纂》（1873），卷31，第3199页。

② Jones, *The Great Qing Code*, 132.

③ 《大清律例会通新纂》（1873），卷9，第1061页。

三栏内容之间仍然存在竞争。私家注释、案例、钦定律例在同页一起印出，增强了注释和案例的权威性，特别是在"统纂集成"兴起后，当时的坊刻版形成了公认的选取注释和案例的标准。换言之，乾隆晚期以后出版的坊刻版律典，建立了一个被知名法律专家认可的在司法实践中具有权威性和针对性的标准化注释、案例资料库。私家注释和案例作为清代司法的一种"法源"，在实践中发挥了越来越重要的作用。① 每页三栏坊刻版律典的流行，可能促成了清代司法行政的这一变化。坊刻版律典包含一个广为众人接受的私家注释和案例资料库，作为对国家颁布的律例的补充和解释。它们共同构成了适用于司法实践的法律基础。多栏版使清代读者能够将增补的法律信息与国家法律联系起来，并将其与国家法律相比较，选择最准确和有针对性的法律信息。

　　坊刻版律典的另一个显著特点体现在，它们旨在使读者能以类似于现代字典和参考书的方式快速搜索和定位某些信息。坊刻版中通常有一个清晰明了的总索引，此外在每页的页边空白处，编者会印出书名、卷数、篇名及在各自卷中、条中的页码及条款标题。因此，读者可以在快速翻阅中查到简要信息，并能方便找到需要查阅的页面。在凡例中，编者说，他们期待读者在书中能从一部分跳到另一部分，或迅速翻页来查找信息，他们使用的词语有"翻阅""搜索""检

---

① 王志强：《清代成案的效力和其运用中的论证方式——以〈刑案汇览〉为中心》，《法学研究》2003 年第 3 期，第 147 页；苏亦工：《明清律典与条例》，中国政法大学出版社，1999，第 41 页。

阅""寻求"等。①此类书籍的设计和编辑用语都表明，读者能够迅速浏览律典，找寻有用信息。

印在上栏的交叉索引是查找律例的另一个有效工具。在律典中，相似或相关的律例编在不同章节很常见。例如，虽然"刑律"总第292条"戏杀、误杀、过失杀"提到了意外杀人的通常定义和刑罚，但特定情况下意外杀人的律例分散在律典其他章节中。例如，官司役使人工造作房屋、院墙之类因质量不好毁坏而误杀人者，应按"工律"中"虚费工力采取不堪用"律定拟；因盗决河防圩岸、陂塘等杀伤人者，应按"工律"中"盗决河防"律定拟。倘若读者只用第292条来办理意外杀人案件，可能会错引律条。交叉索引则提醒读者参考那些分散在律典不同篇章中的全部相关律例，并帮助他们根据案情找到最相符的法律。例如，在第292条中，商业编者在上栏添加了一组交叉索引，其中包括至少14个条目，列举了《大清律例》各篇章中与戏杀、过失杀相关的律例名称。②有了交叉索引，即使没受过专门法律培训的读者也能轻松找到所有相关律例，将它们相互比较，并选择最恰当的一条。这为清朝司法官员和幕友在判案时寻找最恰当律例减少了些许难度。

＊＊＊

有些学者认为，尽管近代早期欧洲的阅读革命在印刷革

---

① 《大清律例全纂》（1796），"张映玑序"，第1b页；"凡例"，第4b页；《大清律例汇集便览》（1872），"详文"，第42b页；"凡例"，第52a页；《大清律例全纂集成汇注》（1804），"凡例"，第2a页；《大清律例全纂集成》（1799），"凡例"，第2a页。

② 《大清律例会通新纂》（1873），卷25，第2527～2531页。

命中伴随着默读和泛读的兴起而出现，但在帝国晚期的清代没有出现类似现象，因为宋、明印刷革命对中国文人的阅读体验影响有限，传统阅读体验所赞许的是高声朗诵和精读，这是读书人文化认同的必要条件。① 就阅读儒家经典和文学作品而言，上述观点言之有据、令人信服。但由于出版业的发展和各种印刷书籍的兴起，中华帝国晚期的阅读体验日趋多样化，读律者的阅读方法和经验都较为成熟。就阅读实践而言，坊刻版律典可作为两种不同的文本发挥作用。一方面，部分文本需要读者通读、细读，尤其是不少官箴书提到的律例中的"重要"章节，如"名例律""人命""盗贼"等，因为这些文本提供了律典在司法实践中常用律例的概览。另一方面，律典又可以用作快速翻阅的参考资料。也就是说，读者了解法律条文的基本信息后，可以依靠出版商额外提供的辅助内容来更仔细地查找、定位和研究这些文本中与他们案件相关的具体部分。没有证据表明清代读者要朗诵律典，多数读律者无须精读律典的全部内容，也不用仔细背诵全书。因为律典能够广泛获得，价格适中，也就无须牢牢记诵。

　　阅读律典是官员获取法律知识的最重要手段。坊刻版律典不仅提供了最新法律信息，还使得读者更容易阅读、理解和在司法实践中应用这些信息。商业出版能刊印那些组成清代法律和行政知识核心书目的所有书籍。朝廷强调，官员就任前必须阅读律典，熟悉法律，并对新任官员的法律知识进行各种考察和培训。清代士大夫也普遍认为，法律条文和法

---

① 例如 Li Yu, "A History of Reading," 8, 59, 94, 289.

律信息对于官员胜任工作和履行职责是大有帮助的。为此，他们出版了官箴书来指导官员如何读律。尽管官员没有接受正式的法律培训，但有充分证据表明，通过那些提供有用注释和案例的坊刻版律典，官员是有足够机会学习法律规范和了解司法实践的。

官员和幕友能得到坊刻版律典，使他们能依据律典来判决案件。多数坊刻版律典采用每页三栏的印刷格式，内容上除钦定律例之外还包括交叉索引、私家注释、则例、案例等额外内容，这从根本上改变了清代读律者的阅读体验及他们对法律的理解和应用。坊刻版律典破译了法律知识，使没受过专业法律培训的人可以获得和理解。书中提供了律例的详细解释，提醒读者法律的更新或暂时变通，并让读者能从不同篇章中快速找到相应律例。此外，坊刻版律典为读者提供了多个选项，或者看国家的律例原文，或者看商业编辑补充进来的附加法律信息，或者两者兼看。坊刻版律典从根本上改变了国家授权颁布的法律与未经国家授权的法律信息之间的关系。私家注释和案例的司法权威得到加强，其作为法律渊源的作用日益受到认可。清代司法官员及其幕友在法律推理和司法判决中经常使用私家注释和案例。而坊刻版律典的编者利用他们的专业知识和印刷优势塑造了独立于国家控制之外的法律文化。因此，在一定程度上，坊刻版律典定义与重构了这些法律知识及其在司法实践中的应用。

第四章 通俗法律读本中的
法规与法律知识

　　嘉庆初年，河南偏远山区鲁山县平民程祥芝想方设法进京。他的目的是向都察院提起京控，状告当地书吏和衙役作弊派买仓谷，勒折浮收。遵循京控的标准流程，此案直接发回河南巡抚重审。[①] 巡抚调查发现程祥芝的控告完全是捏造的，事实证明他上控的真正目的是赖了账还想免责。程祥芝曾给朋友做中人，向当地富人借 50 两银子。后来朋友还钱时让程祥芝转交给债主，程祥芝却将银两私自挪用，还说自己没收到。程祥芝在本县被控，结果自然是败诉，书吏和衙役就严厉催促他还债。

　　还不上这么大一笔钱的程祥芝就去找弟弟程秀芝帮忙。兄弟二人一番讨论，决定编造状词去京控。程秀芝起草了告吏役的状词，程祥芝拿着进了京。他们希望京控能吓退衙门吏役，让京控中烦琐的调查取证过程把吏役长期拖住，执不

---

① 京控程序，参见 Ocko, "I'll Take All the Way to Beijing," 294 – 304.

了法，程祥芝便可以免于被催债。但巡抚识破了他们的阴谋。官吏搜查程氏兄弟家时发现了声名狼藉、已被明令禁止持有的讼师秘本《惊天雷》四本。尽管程氏兄弟在严讯与酷刑之下仍坚称是头一回写这种诉状，巡抚仍基于"积惯讼棍"条例判处他们永久流放，认为犯人既然有了官方禁止的诉讼读本，定然也曾有过其他诬告。嘉庆帝读到此案摘要时大为光火，他在《惊天雷》书名下面画线并批示："可恶！"①

清代官员对讼师秘本深恶痛绝。他们指责这些书传播有害知识，煽动民众诉讼，扰乱社会和谐，给本已超负荷运转的司法系统增加负担。②然而对像程氏兄弟般的许多诉讼当事人来说，这些书正是法律与诉讼知识的重要来源。尽管很是繁盛的坊刻清律增加了人们尤其是精英阶层获取法律知识的机会，但对多数平民而言，律典太难理解也太昂贵。瞄准更低端市场的讼师秘本则恰恰相反，将精英形式的法律知识转换为便于非精英群体利用的实用知识。尽管政府力图限制，但此类读物还能在书籍市场上买到。

研究通俗法律读本起源、内容、演化和利用的学者，倾向于将其作为观察讼师群体及他们在地方司法实践中角色的一个途径。他们因此强调讼师秘本中关于怎样写作诉状、怎样参与诉讼等实用诉讼知识的有效性，却往往忽视其中涉及律例与条例等法律知识的重要性。他们批评讼师秘本中的法

---

① 见台北"故宫博物院"，清代宫中档及军机处档折件资料库，档号：404013144。
② 李如兰奏折见清史编纂委员会，录副奏折数据库，档号：03 - 1195 - 009。

律知识不准确、粗俗、有误导性，因而不值得认真钻研。这些研究通常关注晚明刊印的重要版本而忽略了清代版本，仅将后者视为晚明版的低水平重复。①

讼师秘本是早期近代中国通俗法律文学中最重要的文类之一，其内容包括从律典中精心挑选和精简过的律例、歌诀及问答形式的法律知识等。笔者目前收集了65种不同版本的讼师秘本，包括清至民国出版的19种《惊天雷》，反映了与律典中冗长且令人望而生畏的规则表述相比，通俗法律知识有意设计得更加平易近人、贴近日常和好懂好记。清代此类读本所包含的法律信息通常比晚明版中的更准确。通俗法律读本出版生意繁荣，从而将法律知识带到千家万户。通俗法律知识的付印，转换了大众对法律的接触和理解方式，在一定程度上（正如官方所担心的那样）鼓励他们诉诸公堂来解决问题。

一　晚明至清通俗法律读本的演化

清政府在1742年下令将法律诉讼通俗读本类书籍禁毁时，将此类书命名为讼师秘本。虽然被清政府禁令所定义的"讼师秘本"一词仍是学界对这些法律通俗读本的惯用表述，但从书籍流通史的角度来看，这些书绝对不"秘"。从晚明到民国的大部分时间，它们在书市上公开流通，是普通读者

---

① 夫马进：《讼师秘本〈萧曹遗笔〉的出现》，杨一凡总主编《中国法制史考证》丙编第4卷；夫马进：《讼师秘本的世界》，李力译，《北大法律评论》2010年第1期；龚汝富：《明清讼学研究》；Macauley, *Social Power and Legal Culture*, 42 – 46.

易为获取的一类法律书籍。大多数读者应是需要些法律和诉讼知识的下层文人和平民百姓。因此，对这一文类更合适的表述是"通俗法律读本"。

尽管清政府颁布过禁令，通俗法律读本在中华帝国晚期的社会上仍然流行。笔者目前看到了 65 种不同版本，晚明18 种、清代 32 种、民国 6 种，其余 9 种的出版年代不详。[①]这 65 种版本也许仅代表晚明以后出版的通俗法律读本里的一小部分。它们大多质量低劣，多为廉价制造。明清藏书家可能轻视这些书，也就不加以收集和保护，而 1742 年政府禁令还可能导致一些版本被毁。

通俗法律读本这一文类成熟于 16 世纪晚期，代表性版本有 1594 年出版的《新锲法林金鉴录》，以及竹林浪叟编纂、有篇序言作于 1595 年的《新锲萧曹遗笔》。[②]晚明版本尽管在内容和版式上存在差异，但多数具备四个要素：诉讼流程和词状撰写的一般介绍，"告词""诉词"等，诉讼文书样本、诉讼词语汇集，以及法条与法律知识的化简与

---

① 笔者还参考了夫马进、龚汝富、孙家红等对一些中日主要博物馆藏多个版本讼师秘本的研究。参见夫马进《讼师秘本〈萧曹遗笔〉的出现》，杨一凡总主编《中国法制史考证》丙编第 4 卷，第 463～466页；龚汝富《明清讼学研究》，第 120～128 页；孙家红、龚汝富编《明清讼师秘本八种汇刊》，杨一凡主编《历代珍稀司法文献》第 11册，社会科学文献出版社，2012，第 1～7 页。

② 《新锲法林金鉴录》，金陵书室 1594 年版；竹林浪叟《新锲萧曹遗笔》，出版者不详，1595 年序本。又见夫马进《讼师秘本〈萧曹遗笔〉的出现》，杨一凡总主编《中国法制史考证》丙编第 4 卷，第 466～490 页；夫马进《讼师秘本的世界》，《北大法律评论》2010 年第 1 期，第 213～214 页。

汇总。①

　　学者通常视晚明为通俗法律读本的黄金时期，原因是在此期间出现了多个相对精良的版本。他们认为清代是这类书籍的衰退期，批评清版比明版的原创性差、种类少、质量低。不少清代版本确实重复利用了晚明版中的材料，也通常跟明版的基本内容、结构、版式差别不大，但把清版仅看作明版之重复则有失公允。很多清代版本中包含了重大变化，最显著的是法律知识比重增加。《惊天雷》等有影响力的清版通俗法律读本中包含大量直接引自律典的律例条款，相比之下，晚明版本中则极少包含如此详细的法律信息。

　　晚明通俗法律读本在书籍市场上存在多样化和激烈竞争，很多内容、版式迥异的版本得到销售。这类书的体裁本身在明代末期也还不稳定：一些读本更面向基层官吏而非打官司的人；另一些则采用故事形式，读来更像公案小说而非实用法律诉讼手册。② 但清版通常具备相似的结构和版式，一般采用两栏版面，上栏内容包括诉讼说明、法条和诉讼用语示例，下栏是诉讼文书样本。清中叶开始，《惊天雷》的各种版本主导市场，已占到清代印本的半数以上。清版通俗法律读本之间从内容到印刷形式的差异不大。一方面，这种版本间差异的缩小可能象征着此类书籍的衰退，即法律专家限于政府禁令而不愿编写出版新书。另一方面，这也可能反映了某种类似于"统纂集成"版清律兴起后坊刻本的标准化过程。清代读者似乎接受了讼师秘本中这种诉讼与法律知识

① 夫马进：《讼师秘本〈萧曹遗笔〉的出现》，杨一凡总主编《中国法制史考证》丙编第 4 卷，第 471 页。

② 龚汝富：《明清讼学研究》，第 165～169 页。

传播的基本格式，因此出版商为满足读者期待而一再炮制相似的内容。

从笔者目前见到的 65 种通俗法律读本来看，现存清版通俗法律读本 32 种，多于明版。原因可想而知，相比明版，出版时间更靠后的清版显然存世率更高。1742 年禁令也可能毁掉了不少明版和清初版通俗法律读本。在 32 种清版中，有 12 种有确切或大致出版时间。在这 12 种中，似乎仅有一种嘉庆之前出版的清版幸免于清中叶禁令。①1742 年书禁不可谓不严厉，但乾隆之后书禁渐弛，通俗法律读本自晚明繁荣后，又在嘉庆之后复苏。同时，嘉庆、道光朝出台的一些诸如重开言路、接受京控、清理积案等政策，也可能使得对通俗法律读本中的法律和诉讼知识的需求增加。②嘉庆朝至少出版了 2 种法律通俗读本，而道光朝出版了至少 4 种。晚清和民国的商业出版者继续印刷法律读本，从同治朝到清末，至少出版了 5 种。

现存通俗法律读本多为刻本。出版商主要以木刻版印刷法律读本。18 种明版里 16 种为木刻版，32 种清版中则有 22 种为木刻版。多数通俗法律读本属于低质量的再版重印。晚明版的印刷质量略好于清版，且多有序言，通常以比正文字大的书法体印出，但清版没几种有序言，有的甚至连目录都没有。清版的字体也通常比明版的小，出版者将每页排满字，印在廉价而粗劣的纸张上。不少刻工似乎技艺不精，甚至大字不识，还明显缺乏校对，错别字随处可见。这些变化

---

① 即竹影轩主人编《新刻法家管见汇语刑台秦镜》，出版者不详，1673 年序本。

② 详细政策，参见 Ocko, "I'll Take All the Way to Beijing," 295.

表明，相对于明版，清版通俗法律读本更倾向于书籍市场的普通读者。多数通俗法律读本很短，一般不超过八卷，分成两本或四本装订。相比坊刻版清律，通俗法律读本明显开本更小、篇幅更短、质量更差，价格也就更低。显然印刷通俗法律读本的成本不高，尽管这些书籍的售价信息还未知，我们可估测，它们在清代以普通读者负担得起的价格出售。①

晚清、民国一些出版商用新引进的石印法来印刷通俗法律读本。现存至少有9种是石印版，其中6种是《惊天雷》；多数来自晚清民国的石印出版中心上海。上海锦章图书局在1915年后出版了至少3种《惊天雷》。民国初年，清律中经修订后的很多民事部分仍有法律效力，清代诉讼实践仍在地方社会延续，通俗法律读本中的很多知识依然有效。②一些民国读者还会出于好奇与娱乐来阅读通俗法律读本。因此，清朝灭亡后，通俗法律读本仍有市场。

通俗法律读本还以未出版的稿本形式发行。笔者看到的65种版本中有7种是手抄本：晚明2种、清代5种。上述5种清版，龚汝富在江西、湖南实地考察时收集到4种。这些抄本通常集真实诉案和文书样本于一体，多数文书是"告词""诉词"。编者应该是从诉讼实践中取材的地方讼师，保存文书供个人使用而非出版发行。另一种现存清代稿本是手抄的《惊天雷》，抄写者认真地把整个刻本复制到预先印

---

① 关于中华帝国晚期低质量廉价图书，参见 Cynthia Brokaw, *Commerce in Culture*, 513 – 518.

② 三个版本为《惊天雷》（1915）、《新刻法笔惊天雷》（1919）和《校正惊天雷》（1930）。关于民国民法，参见 Philip Huang, *Civil Justice in China*, 9.

好栏目的纸页上，遵循原书的两栏版式。这个无修改涂抹的整洁抄本看着像是抄来卖的而非自用的。①

多数通俗法律读本缺乏编者和出版商信息。即便在1742年政府颁布禁令前，也少有作者、编者愿意表露身份，也许是他们害怕出版通俗法律读本会引来官府追究或招致"阴谴"。诉讼行为长期受统治精英谴责，明清律明确规定教唆词讼是应罚的。②从中华帝国晚期的民众信仰来看，出版印刷关乎功德。人们相信文字内容的大量生产制造是有力量的，有时也有危险。刊印佛经、医书或善书等能积阴德，但出版"邪书"将获阴谴，祸及自身及子孙后代。在晚明，法律书籍被归入"邪书"的理由是人们担忧它们可能煽动诉讼，破坏社会和谐，甚至有伤天和。尽管通俗法律读本的作者中无人详释他们为何不著真实姓名，我们可以从晚明著名律学家王肯堂的一段话中找到线索。他在《律例笺释》自序中说："余久欲锲行于世，闻衷了凡先生言，流传法律之书多招阴谴，惧而中止。"③可见晚明作者如王肯堂，出版那些属于正统法律文本、不必然导致兴讼的律学注释尚有所顾虑，也许通俗法律读本的作者也出于相同理由才十分不愿在书中放入他们的个人信息。

通俗法律读本的编纂者通常用化名隐藏身份，如自称是山人、散人、叟，别号如觉非山人、江湖散人、竹林浪叟等。这些化名意味着编者自视为脱离常规社群的隐者、浪子

---

① 龚汝富：《明清讼学研究》，第127页。手抄本《惊天雷》是东京大学东洋文化研究所数字博物馆藏《法家惊天雷》。

② Jiang, *The Great Ming Code*, 201；Jones, *The Great Qing Code*, 325 – 326.

③ 王肯堂：《律例笺释》，"原序"，第1a页。

与无根之人。通俗法律读本的内容则表明其编纂者大多对法律和诉讼实践颇为熟悉，应是能接触到法律和诉讼知识的底层文人，如讼师或书吏。

明末清初几个主要出版中心都有参与印刷、销售通俗法律读本，最有名的是明代江苏金陵（南京）和福建书林（建阳）、清末民初上海。南京出版商印出了几个有影响力的版本，包括《新锲法林金鉴录》（1594）和《新镌萧曹遗笔》（1595）。一些晚明版本在封面甚至标题等醒目处标明信息如"金陵原板刊"字样以宣称是南京原版。①这都表明南京是通俗法律读本的印刷中心，享有出品精良版本的声誉。建阳作为福建北部著名出版中心，出品了至少 3 种版本：1826、1862 年出版的《新刻法家新书》中宣称编者是两位南京人士，出版者为建阳与耕堂的朱廷祯；②另一版是《法家透胆寒》，封面印着"龙岩政略"字样。龙岩毗邻闽西知名印刷中心四堡。此书大概出版于福建，与四堡的出版者可能有些关联。③

尽管鲜有史料涉及通俗法律读物的销售渠道及读者情况，但明清全国售书网络的形成使得我们可以猜测这些书籍能在社会上广泛传播。在主要出版中心如江苏、福建的周边地区，读者应该不难买到此类书籍。这些出版中心印刷的书

---

① 例如竹林浪叟《新镌萧曹遗笔》卷 4，第 36b 页；云水乐天子《鼎锲金陵原板按律便民折狱奇编》，封面。

② 吴天民、达可奇：《新刻法家新书》，1826 年本。另两个建阳版为湖海散人清虚子《合刻名公案断法林灼见》（1612）和《惊天雷》（书林西园版）。

③ 湘间补相子：《新镌法家透胆寒》，封面。关于四堡的出版商，参见 Brokaw, *Commerce in Culture.*

可以通过批发商、流动书贩和出版商在不同地方的分号等销售网卖到其他地区。①例如，晚清盛京（沈阳）一家名为永和堂的书店里出售一种 1888 年江苏印刷的《惊天雷》。书店告知读者，此书购自江苏出版商，在盛京零售。相似的，盛京另一家书肆贩卖的《法笔天油》也来自江苏。②

处于主要出版中心和发行网络之外的读者也有可能买到通俗法律读本。例如，程氏兄弟所购《惊天雷》很可能是购于河南鲁山的流动书贩。在刑讯之下，程秀芝供称他的书"买自不知姓名人"。③龚汝富的研究也指出，通俗法律读本在清代的江西、湖南农村也多有流传。④多数法律读本没有提供出版方信息，很多缺少出版信息的版本也许就是在当地的刻字店或由发现这些读本有利可图的流动刻字匠等刊印售卖的。四川臬司李如兰在向乾隆帝建议禁毁法律通俗读本时就提到这些书在四川书铺中极易获得。当他在省内尝试禁止这些书时，却发现人们还可以从其他省买到，因而感叹："各省流传已久，此地销毁，彼地刊卖。"⑤

通俗法律读本比律典吸引的受众范围更广。它们比律典更简短也更便宜。讼师毫无疑问是通俗法律读本的主要目标

---

① 更多晚清时期图书销售网络的讨论，参见 Brokaw, *Commerce in Culture*, 189 – 267; Brokaw, "Empire of Texts," 181 – 236; Chia, *Printing for Profit*, 149 – 192.

② 《新刻法笔惊天雷》（1888），封面；《新刻法笔天油》，封面。

③ 台北"故宫博物院"，清代宫中档及军机处档折件资料库，档号：404013144。

④ 龚汝富：《明清讼学研究》，第 127 页。

⑤ 清史编纂委员会，录副奏折数据库，档号：03 – 1195 – 009。

群体。麦柯丽（Melissa A. Macauley）认为，讼师是一类范围很广、提供法律辅助的人士，包含从专业状师到仅仅偶尔向人们提供一些法律帮助的识字者，其中多数讼师是受过教育但科举考试失利的下层文人。讼师和诉讼当事人可以通过阅读通俗法律读本寻找诉讼技巧和法律知识。通俗法律读本的其他潜在读者还包括对法律感兴趣的底层文人和民众、书吏、衙役、幕友乃至官员。很多通俗法律读本明确指出他们面向生疏于法律的初学者。[①]通俗法律读本中的法律和诉讼知识通常以简明易懂的形式呈现，即便缺乏法律背景知识的人也能很好地理解。一些读者可能还会为了休闲娱乐而读。这些书中的很多诉讼样本涉及家庭冲突、暴力、奸情、报复和犯罪，正是那些吸引读者眼球的"头条故事"。

二 《惊天雷》的结构与内容

1742 年清政府下令取缔通俗法律读本。该禁令被纂为条例，在 1743 年正式入律，附于第 340 条"教唆词讼"之下："坊肆所刊讼师秘本，如《惊天雷》《相角》《法家新书》《刑台秦镜》等一切构讼之书，尽行查禁销毁，不许售卖。"[②]条例中列出的《惊天雷》及其他三种讼师秘本作为构讼之书应被禁行和摧毁。这是嘉庆帝得知进京诬告的程氏兄弟家中藏有被严令禁止的、声名狼藉的《惊天雷》时暴怒

---

① Macauley, *Social Power and Legal Culture*, 4, 114; 夫马进：《讼师秘本的世界》，《北大法律评论》2010 年第 1 期，第 214 页。如竹林浪叟《新锲萧曹遗笔》，"遗笔凡例"，第 1b 页。

② 《大清律续纂条例》（1743），卷 2，第 16a 页。

的原因。

然而像程氏兄弟那样持有《惊天雷》的情况并不罕见。事实上，尽管政府有禁令，清代多种《惊天雷》版本仍然流行。笔者目前看到了15种不同版本的清代《惊天雷》，包括12种木刻版、2种石印版及1种手抄本，而有清一代实际出版的种数可能远高于此。《惊天雷》的诸多版本，在现存清代32种通俗法律读本中占到几乎一半。该书最早的版本可能是清初编辑出版的，但现存版本中最多的还是道光朝之后制作的。清中期的政府禁令将《惊天雷》作为典型，也许反而增加了此书的知名度，使该书成为最为知名和广为流传的清代通俗法律读本。

各版《惊天雷》中无一标明作者和编者，仅少数晚清民国版本中透露了出版者或书肆信息，如福建书林西园、盛京永和堂、文兴德记、上海锦章图书局，可见大多数编者和出版者因国家禁令而不愿泄露身份。一些出版商甚至改变书名来逃避追查，例如文兴德记所售《法笔天油》明显是翻印的两卷本《惊天雷》。

不同版本的《惊天雷》，内容也不尽相同，其版本可大致分为两类：短版通常有2~4卷；长版则有6~8卷。长版并非短版的简单扩写。尽管长短两类版本的结构、版式类似，都有法律知识和诉讼信息，但在法条与诉讼知识及诉讼文书样本的组合上存在差异。长短两版的源头可能是清前期两个不同的通俗法律读本，短版可能依据的是乾隆朝禁令前的《惊天雷》原版，而长版可能改编自另一本被清代法律明确提及和明令禁止的清前期通俗读本《刑台秦镜》。晚清出版的八卷版《惊天雷》便与现存1673年出版的《刑台秦镜》类似。①清末民国时期，长版《惊天雷》比短版更流行，其内容也更复杂，包含更详细的法律知识，如出自律典的大量律例条文等，也许因此更受晚清读者的欢迎。

《惊天雷》可以看作供普通民众在诉讼实践中所用的法律和诉讼知识百科全书。书中所用文体简明，直白易懂。书中包含行之已久的法律规范、诉讼说明、文书样本，多数来自晚明版，也加入了一些清代元素，如清律中的新增律例。以八卷版的《惊天雷》为例，② 第一卷着重介绍基本法律知识，上栏有"刑名直解"，包含 29 个刑罚相关的术语与解释，还有"犯奸总括歌"。下栏包括"引言""历朝刑法""十法须知""八律科罪问答""律例总括歌"。

该版本第二卷以诉讼指南为主。上栏以"金科一诚赋"开头，讨论一些清律中未阐明的复杂情况。接着是一些诉讼的一般说明，"听讼指南"讨论撰写词状的一般原则，"古箴十忌"是关于十个诉状写作中的常见错误，"法门趋向"提供常规途径之外的告状办法。下栏包括对涉讼者的两段简短道德警示和一般指示，其后"法门十段锦定式直解"占了大头。这部分详解撰写诉状的每个步骤，以及 65 种以上的常用诉讼术语。此卷似乎没什么新内容，所有法律信息和诉讼指南都可上溯到晚明的通俗法律读本和日用类书。《惊天雷》只是对这些旧料加以收集再利用，连缀成书。

---

① 夫马进：《讼师秘本的世界》，《北大法律评论》2010 年第 1 期，第 229 页。

② 本书选用孙家红、龚汝富收集的八卷版《惊天雷》作为分析样本。见孙家红、龚汝富编《明清讼师秘本八种汇刊》，杨一凡主编《历代珍稀司法文献》第 11 册，第 219~394 页。

该版本第三卷上栏包括解释基本法律概念的三段，"刑法指南"对清代法制中的各种刑罚加以界定和解释，另外两段分别辨析了律典中的关键法律术语"杀"和"赃"。下栏列出了三个奏本。第一个奏本为晚明御史所作，用来弹劾臭名昭著的严嵩。第二个奏本是巡抚所作弹劾状，弹劾一名贪酷渎职的知县。第三份奏折的作者是女诗人李玉英。她继母控告她通奸，使她入狱。她在狱中写状诉冤，指出其父去世后，她和弟弟、妹妹被继母虐待，她弟弟已被继母谋杀，继母还想通过指控通奸来铲除她。李玉英的奏折虽看上去虚构多于写实，但在晚明流传很广，甚至被收入通俗小说《醒世恒言》。①尽管这些奏折与平民诉讼文书不直接相关，但为正式官方文书的术语、逻辑、结构和语法提供了精彩范例，内容也引人入胜、饶有趣味。

该版本第四至七卷是《惊天雷》的核心部分，包括很多出自律典的律例条文，法律和诉讼文书用语示例，告状、诉状样本与判决。这部分内容分为九类，涵盖民众可能遇到的大多数诉讼类型：婚姻、奸情、人命、贼盗、户役、继立、田宅、坟山、蠹骗、商贾。在每一类中，作者先列出一些法律和诉讼词语示例即"珥语"，这些可能抄自此前出版的通俗法律读本。接下来补充提供词语即"新增碎玉"，及清代的大量律例即"新增大清律例"。词语和法条都放在上栏，诉讼文书样本放在下栏，每套讯讼文书通常由告词、诉词和判决三部分组成。下栏除诉讼文书样本外，还添加对应清代法律的"补上大清律法"部分。法条和诉讼用语、诉讼文书

---

① 冯梦龙编《醒世恒言》，华夏出版社，1998，第383页。

样本环环相扣。读者在阅读告词、诉词文书时，上下两栏的排版也能帮助他们找到相关法律和诉讼用语。

该版本第八卷是最后一卷，包含基本法医学知识和有关普通民众向官府陈请地方事项的多种文书样本。上栏包括选自一些验尸手册的法医学信息，如清代司法体系中官方使用的验尸手册《洗冤录》，其中详细列出各种死因，如缢死、烧死、溺死、毒死等。法医学知识似乎比较新颖独特，少见其他通俗法律读本包含此类内容。与其他卷不同，此卷的下栏内容与上栏无关。下栏包括地方民众向官府请求一些事项的文书样本，例如脱罪翻招，或荒年求宽赋税、寡妇改嫁、孤侄保产等。

总之，《惊天雷》广泛收集法律、诉讼、行政管理、法医勘验等各方面知识。尽管书中大多数内容是晚明版本的再利用，但仍有新内容，包括此前很多通俗法律读本中没有的选自律典的大量律例条文和验尸信息。作者在章节标题标明"新增""补上"作为宣传语，突出新内容。《惊天雷》的最显著特征是，相对于诉讼相关材料，书中的法律信息比重明显增加。对法律条文和法制体系的一般说明和解释，以及与诉讼文书样本明显对应的引自律典的具体律例条款内容占到全书近半。尽管几乎所有通俗法律读本都包括法律信息和说明，但相比其他书籍，《惊天雷》中的法律更广泛而详细、更准确也更贴合百姓需求。

三　法律何以重要

法律规范和法律知识在地方诉讼实践中发挥重要作用。黄宗智在他对中国民法的开创性研究中认为，国法在大部分人生活中意义重大。他估计在清代每 20 年，每十户人家就有一户卷入诉讼。尽管法史学者已证明诉讼成本并不像之前预计的那么高，但诉诸公堂的法律决定仍然是一件要事，也是极其耗时、费钱和影响名誉的。①那些提起诉讼的人必须确保法律是大体向着自己的，否则起诉便几乎没有机会被官府受理，更不可能胜诉了。正如《惊天雷》一段广为人知的诉讼建议所言，根本的"致讼之道"有三：情、理、法。成功的诉状必须反映真情、占理并服从法律，任何要素的缺失都将导致败诉甚至酿成大祸。②

词状中对法律的明确提及或暗示，也许能显著增加其被地方官受理的可能。清代法律系统的人手不足与负担过重是出了名的。清中期以来，州县和省里案件积压严重。例如，1759 年仅福建一省便攒下了 22800 起未决案件。尽管官府时常努力清理积案，但晚清情形进一步恶化。过劳的官员极度不愿接新案，尤其是那些事实不清、证据不足的民事纠纷和轻微刑事案件。淡新档案显示，官府在初步审核环节便驳回了超过 36% 的起诉。③ 近年在浙江发现的晚清黄岩诉讼档案中的受理率也低得惊人——知县驳回了 91% 的民事起诉。④只有那些表达清晰、具备有力证据和明显法律支持的书面起诉，才有可能通过这样严格的初步审核。

---

① Philip Huang, *Civil Justice in China*, 181–189; Bradly Reed, "Money and Justice," 345–382.
② 孙家红、龚汝富编《明清讼师秘本八种汇刊》，杨一凡主编《历代珍稀司法文献》第 11 册，第 243 页。
③ Macauley, *Social Power and Legal Culture*, 61, 64.
④ 邓建鹏：《讼师秘本与清代诉状的风格——以"黄岩诉讼档案"为考察中心》，《浙江社会科学》2005 年第 4 期，第 74 页。

　　尽管诉讼当事人一般不具体引用法律条文，但他们在状词中往往基于特定律例来叙事。① 通俗法律读本的说明中强调，写状子应当遵循法意。例如，四卷版的《惊天雷》在"词讼指南"中提醒读者："凡作状，先须观其事理、情事、轻重、大小、缓急，而后用其律意。该合某条，乃从其条上选其紧要字眼且于事情者数达其词，使人一看便知其冤抑。"②作者明确知晓法言法语会引发官员即时关注。基于法律撰写词状，也是组织证据及澄清事实从而令官员更容易做出决断和下达判罚的有效途径，这样便更有机会得到受理，原告也更有可能胜诉。明清通俗法律读本中包含的广为人知的"十段锦"解释了要如何撰写词状，提出在词状结论中应明确提及法律："务要言言合律，字字精详……状中有此一段，名为关门，则府县易为决断，无此一段，名曰开门，则人犯易为辩驳。""十段锦"在"结局"部分再次强调应当提到法律："九段名曰结局。此乃状中之缴结处，先须遵奉官府，后要言明律法，务宜详而言之！"③

　　总体上，清代通俗法律读本的编者比晚明编者更强调法律的重要性。很多清代版本以包含详细的法律知识为卖点。清版封面上经常醒目地印着"内附《大清律例》"和"附入《大清律例》"等宣传语。④明版封面页几乎不印此类信息。

---

① 夫马进：《讼师秘本的世界》，《北大法律评论》2010 年第 1 期，第 225 ~ 227 页。

② 《新刻法笔惊天雷》卷 1，第 1a 页，东京大学东洋文化研究所藏。

③ 孙家红、龚汝富编《明清讼师秘本八种汇刊》，杨一凡主编《历代珍稀司法文献》第 11 册，第 245、246 页。

④ 此类版本包括吴天民、达可奇《新刻法家新书》（1826、1862），《新刻法笔惊天雷》（1888、1898）和其他三种时间不详的《新刻法笔新春》。

从晚明至晚清，法律知识在通俗法律读本中的重要程度与日俱增，这也许反映了读者对于此类信息的需求在增长，原因应当包括准确法律信息的更广泛传播、懂法的人数增加及地方官府驳回起诉的比例更高。除了必要的诉讼知识，清代人诉诸公堂解决问题时还需要实用的法律知识。通俗法律读本为普通人获知法律法规提供了一个重要渠道。

四　《惊天雷》中的法律信息

通俗法律读本中包含哪些形式的法律信息？以清代最有代表性的通俗法律读本即八卷版的《惊天雷》为例，从朗朗歌诀中极度简化的法律知识，到长篇逐字复制律典中的律例，法律法规以多种形式得到呈现。最重要的四种形式是歌诀体、问答体、基本法律术语释义和律典条文摘录。

歌诀体

《惊天雷》中包括"犯奸总括歌"和"律例总括歌"。前者有 88 行，涵盖律典"犯奸"门中的 5 条律文。[①]后者更长，有 128 行，提到至少 50 条律条。歌诀押散韵，遵循传统五言诗歌格式。歌诀将律典条文极度复杂的表述转化为简单、直接和不加修饰的顺口溜，这样即便受教育不多的读者也能理解和记忆。例如，"犯奸总括歌"的第一句集中在

---

① 孙家红、龚汝富编《明清讼师秘本八种汇刊》，杨一凡主编《历代珍稀司法文献》第 11 册，第 227~228、236~238 页。五个律条是第 366 条"犯奸"、第 367 条"纵容妻妾犯奸"、第 368 条"亲属犯奸"、第 369 条"诬执翁奸"和第 370 条"奴及雇工人奸家长妻"。

"犯奸"律条上，对法条内容的转化如下：

> 男女和奸者，各该杖八十。
> 有夫若和奸，加等杖九十。
> 刁奸引出外，各杖一百止。
> 强奸污妇名，奸夫当拟绞。
> 强奸若未成，杖百流三千里。①

歌诀用语简练，但信息量相对全面、准确，与律典内容非常匹配。除了明确具体刑罚，歌诀中还解释了可能难以理解的法律术语。例如对"刁奸"这个日常少见的法律术语，歌诀中加入"引出外"来指明刁奸是通奸的一种，即奸夫引诱奸妇离家。

"律例总括歌"对法条的简化比"犯奸总括歌"更甚，以首句为例。

> 强盗未得财，依例拟流罪。
> 砍伐坟园树，减等杖九十。

这两行歌诀提到了两条律条：第 266 条 "强盗" 和第 263 条 "盗园陵树木"。②律典中原文包括界定了犯罪的多种

---

① 孙家红、龚汝富编《明清讼师秘本八种汇刊》，杨一凡主编《历代珍稀司法文献》第 11 册，第 227 页。

② 孙家红、龚汝富编《明清讼师秘本八种汇刊》，杨一凡主编《历代珍稀司法文献》第 11 册，第 236 页；Jones, *The Great Qing Code*, 242 - 243, 246 - 247.

情形及相应刑罚的数个长段，歌诀将复杂律文转化为短短两行 20 个字，保留了主要的罪与罚，删去多种情形和不同刑罚。歌诀以相同方式将其他至少 48 条律例和规章转换为简单好记的歌诀，所提到的大多数法条引自律典中的户律和刑律两篇，其中包含了百姓可能面对的大部分刑事和民事规范。因此，歌诀为读者带来了关乎"有用的"民刑法律的基本罪刑理念。歌诀通过删减法条细节，化艰深为简易，使读者易懂、易记。这种化简还能使歌诀在通俗法律读本有限版面中容纳尽可能多的法律信息。

问答体

《惊天雷》中的"八律科罪问答"包含 25 组问答。用问答形式来解释法律，在中国有悠久历史。653 年颁布的唐代法典《唐律疏议》的"义疏"中包含大约 178 组问答。[1]通俗法律读本明显借鉴了这种问答体：每组中的设问通常是律典中未明确的难点，随后是相应的详细解答。《惊天雷》中的每组问答都是抄自晚明的通俗读本。《惊天雷》将原来的 44 组问答减少至 25 组，删掉了那些过时和用处不大的。

问答涉及的法律范围广泛，与百姓相关的民事、刑事规范都有，比如殴亲属、骂妻父母、丈夫弃妻逃亡、以妻为妾、离婚后与前妻通奸、捉奸、抱养孤儿等。例如，其中一个问题是："如妻生一子，妾生一子，通房生一子，奸生一子，四子将何以分家产？"此问关乎继承法，问得颇难，也

---

① 孙家红、龚汝富编《明清讼师秘本八种汇刊》，杨一凡主编《历代珍稀司法文献》第 11 册，第 232~236 页；冯炜：《〈唐律疏议〉问答体疏证特指问句探析》，《长春师范学院学报》2010 年第 6 期，第 120 页。

颇重要。这些由法律地位不同的母亲所生之子，应如何继承
其父的财产？答案提供了一个信息量丰富的解决办法。

> 子无嫡庶，唯有官者则从嫡袭。无嫡，庶袭。奸生
> 者，不许承祀家业。作三分半均分之，嫡、庶、通房各
> 得一分，奸生者得半分。①

这一解答不仅提供了如何给不同法律地位的儿子分配财
产的知识，还提到了谁有权承袭官爵。

这组问答阐明了中华帝国晚期法律中关于分家与继承的
一般原则，即诸子均分，即便他们是不同法律地位的母亲所
生（但唯一的例外是奸生子，只能得到半份）。该组问答显
然依据了明太祖朱元璋1369年发布的一份圣旨，后收入
《大明会典》，又成为清代律典中的一则条例。②其他问答也
反映了法律信息来源多样，包括律典、会典、诏令、律学
注释。

问答给读者提供了获得律典中未明言的深层法律知识的
宝贵机会。相比歌诀，问答中的法律知识更准确、更复杂，
似乎针对的读者群体也更高端。问答对特定问题提供了解
答，还模拟了法律推理和问题解决。相比直接给出法律解
释，假设问题情境再提供解决方案更生动和令人难忘。用情

---

① 孙家红、龚汝富编《明清讼师秘本八种汇刊》，杨一凡主编《历代珍
　稀司法文献》第11册，第234页。
② 关于清代分家法律与实践的详细讨论，参见 Wakefield, *Fenjia*, 34－63；
　申时行、赵用贤编《大明会典》卷19，1587年版，第20a页；《大清
　律例》（1983），第535页。

景假设的方式，促使读者想到他们生活中可能碰到的相似问题。

基本法律术语解释

《惊天雷》中的一些段落着重提供法律、刑罚、司法系统相关术语的解释，包括"刑名直解""六赃辨""七杀律"。书中对很多法律概念做出界定和诠释，例如"六赃辨"介绍六种盗窃与得赃类型：监守自盗、常人盗、窃盗、受财枉法、受财不枉法、坐赃。"七杀律"解释了七种杀人类型：劫杀、谋杀、故杀、斗杀、误杀、戏杀、过失杀。①

"刑名直解"全面介绍中华帝国晚期法制中所用五刑，包括死刑二等、流刑三等、徒刑五等、杖刑五等和笞刑五等。在解释笞刑时写道："捶击也。谓人有小过，用小竹条敲扑也。……后用小荆杖……自十至五十为五等。"②解释得详尽易懂，大部分信息可以在律典中找到，尤其是在卷首"诸图"中。这些法律术语在律典中无处不在，对希望理解法律和刑罚的读者来说至关重要。对关键法律术语的详细、准确解释，能极大地增强读者阅读和理解法律的能力。

律典条文摘录

《惊天雷》中最令人印象深刻的法律信息当属大量摘自律典的律例条文。书中包含至少 82 条律和 45 条例，涵盖令

---

① 孙家红、龚汝富编《明清讼师秘本八种汇刊》，杨一凡主编《历代珍稀司法文献》第 11 册，第 253 ~ 255 页。

② 孙家红、龚汝富编《明清讼师秘本八种汇刊》，杨一凡主编《历代珍稀司法文献》第 11 册，第 252 页。

平民百姓感兴趣及在诉讼实践中能使用的大部分民事、刑事规范。作者相当忠于律典中的律例原文，甚至保留了原文顺序。在很多场合中，他还一并保留了律典中的律条正文和夹注。作者精心选择律条，他只从户律、刑律两篇中选，完全跳过那些通常不涉及百姓生活而关乎行政、国家礼仪、军事、公共工程的吏律、礼律、兵律和工律篇。他从户律中选出了至少33条律和14条例。他似乎对婚姻法特别感兴趣，在"婚姻"门中选出了17条律。他还选了很多涉及赋役的条文，如第80条"赋役不均"、第84条"逃避差役"；涉及财产争议的条文，如第93条"盗卖田宅"；涉及继承的，如第78条"立嫡子违法"；涉及市场的条文，如第154条"把持行市"。这些都是清人在民事诉讼中要参考的主要民事法规。①

除了民事法律，作者同样重视"刑律"中的刑事规范。他从律典此篇中选了49条律和31条例。书中几乎抄录了"犯奸"门的全部内容，包含10条有关奸情和性犯罪的律条，如第366条"犯奸"、第368条"亲属相奸"、第375条"买良为娼"等。他还从"贼盗"篇28条中摘出了20条，从"人命"篇20条中摘出了18条，内容涉及谋反、叛乱、强盗、偷窃、谋杀等。总体上，《惊天雷》中的法条注重刑民法规中"实用"的，尤其是财产、婚姻争议及奸情和暴力犯罪。作者在选取律例时大概不仅考虑到了这些规则在诉讼中的实用价值，还衡量了满足读者好奇心的如奸情、暴力犯

---

① 关于清代人士诉讼中频繁利用的"民法"，见 Philip Huang, *Civil Justice in China*, 21-50, 76-109.

146 / 法律与书商：商业出版与清代法律知识的传播

罪及司法审判中科处相应严厉刑罚等娱乐性因素。

《惊天雷》中的法律信息有多准确？相比律典、律例汇编、官箴书等其他类型法律书籍，《惊天雷》准确性低。通俗法律读本中的法律信息通常没得到及时有效更新。歌诀、问答和法律术语解释往往基于明代法律。律例倒是清代的，但基于律文内容判断，作者依据的很可能是 1740 年前的清律版本。尽管乾隆朝禁毁讼师秘本并未根除法律通俗读本，但也阻碍了法律专家对这类书的修订更新，很多晚清版中因此包含一些晚明和清前期的律例。《惊天雷》中对刑罚的种类、数量介绍也有不少不准确的地方。例如，"犯奸总括歌"中称奸 13 岁以下幼女以强奸论，但准确的年龄应该是 12 岁。① 《惊天雷》的"奸情"类中提到第 367 条"纵容妻妾犯奸"律，称纵容妻妾犯奸的本夫应杖一百，然而根据律典，正确的刑罚是杖九十。②

一般说来，这些不准确之处只是小瑕疵，不会影响读者对法律规则的理解和使用。一方面，《惊天雷》中大多数法律信息取自律条，而律文从晚明至清代变化不大。另一方面，通俗法律读本的受众如诉讼当事人、讼师、老百姓和底层文人等，通常不太关心犯罪的具体情节和相应刑罚的细微差别。他们毕竟不是要依法断案的官员和幕友，就算要写"告""诉"词状，也无须详细指明具体罪名和量刑。普通

① 孙家红、龚汝富编《明清讼师秘本八种汇刊》，杨一凡主编《历代珍稀司法文献》第 11 册，第 227 页；Jiang, *The Great Ming Code*, 214；Jones, *The Great Qing Code*, 347.

② 孙家红、龚汝富编《明清讼师秘本八种汇刊》，杨一凡主编《历代珍稀司法文献》第 11 册，第 268 页；Jones, *The Great Qing Code*, 348.

读者真正需要的是法律的一般概念和原则，《惊天雷》一类的通俗法律读本可谓他们获取此类信息的一个最便捷途径。

律典显然是《惊天雷》法律信息最主要的来源。书中律例明显来自律典，歌诀、问答和术语解释也明显依据律典。除律典外，作者还参考了很多资料，包括会典、诏令、律学注释和其他法律法规。尽管这些法律书籍在书市上也能买到，但由于价格高昂、内容深奥，往往令普通读者敬而远之。通俗法律读本通过将艰深表述简化为容易理解的歌诀、问答和释义，使法律通俗易懂；还简化法律条文，删除其中的复杂情节和多种细微的量刑差别，只保留与普通百姓相关的部分。通俗法律读本从而能满足比律典读者层次更低的受众，极大地促进了帝国晚期社会中法律知识从官员、幕友到平民百姓的传播。

通俗法律读本通过将法律信息与"告词""诉词"等诉讼文书样本结合，描述如何利用（甚至有时是操纵）法律来赢得官司。这些书中的法律不再表述为令人望而生畏的严格规则和严厉刑罚，而成为普通百姓利用甚至滥用来为自己谋利的手段。大多数《惊天雷》所用的上下两栏版式将律例放在上栏，相应诉讼文书放在下栏。这种安排使受众同时阅读这两类信息，思考法律在诉讼中如何运用。诉讼文书样本中的案例也说明了要如何对案件进行夸大和重述，通常是将民事细故争议夸大为刑事重情案件以吸引官员注意从而获得官府受理。例如，《惊天雷》婚姻类有个诉讼文书样本是一寡妇与一男子的婚姻纠纷。该妇女守寡后带着两个幼子生活，因为家里需要个能干的男性劳动力来维持生计，她兄弟给她安排了一桩婚姻，男方新丧妻，得搬到寡妇家中来干活。这寡妇起初同意，后来又反悔，向官府投状，控告男方强婚。状词中她将对方写成巨豪和强徒，自己是弱小无助的守节寡妇。状中写道："旧腊恶恃钱神，谋妾不从，突今十一窥氏独居，统令三十余凶攻家强娶，母子惊逃，乘掳衣饰，邻居骇证。"①接着她诉请官员依法惩罚男方，希望官府将此男"如律法究"。尽管状词中并未明确引用任何律条，这场景明显出自上栏印出的"强占良家妻女"律。

但男方的应诉之状讲述的故事则截然不同。他坚称与该寡妇立有正式婚书，见证人是她"弟伯"，寡妇还收了作为彩礼的金簪。他声称自己没料到她与本地一无赖私通，是这名无赖嫉恨这场将切断二人奸情的婚姻，为了让二人好继续偷情，就劝诱寡妇诬告男方。男方诉状中断言如果官员询问寡妇的弟伯，必将真相大白。此人的主要论点是他与寡妇的婚姻合法，有婚书为证，获得寡妇的男性尊亲许可，且已给付聘财。这些恰恰是印在上栏的"男女婚姻"律中所列出的成立合法婚姻所需的重要证据。他是无辜之人，被寡妇诬告只因她想要继续与情夫来往。告状、诉状都有技巧地运用了婚姻法规。诉讼双方明显剪裁甚至编造事实，以使得状词中的陈述契合律文中规定的情节，以此攻击对手和打动法官。在通俗法律读本中类似的文例相当普遍，在阅读这些读本的过程中，读者可以同时获取法律条文等信息与诉讼技巧等知识。在这些知识的武装之下，读者也就能够和敢于利用甚至滥用法律条文与司法体系来解决问题或获取利益。

---

① 孙家红、龚汝富编《明清讼师秘本八种汇刊》，杨一凡主编《历代珍稀司法文献》第 11 册，第 271 页。

五　国家禁令

与通俗法律读本中的功利主义立场相反，清代统治者信奉的是普通百姓应敬畏法律并远离诉讼。尽管很多清代精英支持普法教育，他们并不愿百姓真的将法律知识用在打官司上，而是希望百姓知道了法律的严格与刑罚的严厉后不敢犯罪。正如雍正帝在 1725 年版律典序言中写道："国有常刑，月吉始和，布刑于邦国都鄙，乃悬刑象之法于象魏，使万民聚而观之。是知先王立法定制，将以明示朝野，俾官习之而能断，民知之而不犯，所由息争化俗，而致于刑措也。"①法律是预防犯罪、维持秩序、移风易俗的教育手段，而非百姓拿来与人诉讼争短长的工具。因此清朝统治精英把通俗法律读本看成是既麻烦又危险的，也就不足为奇了。

1742 年清廷发起了一场全国性运动来禁止和销毁讼师秘本及其他"构讼之书"。禁令彻底而严格："坊肆所刊讼师秘本，如《惊天雷》《相角》《法家新书》《刑台秦镜》等一切构讼之书，尽行查禁销毁，不许售卖。有仍行撰造、刻印者，照淫词小说例，杖一百、流三千里。将旧书复行刊刻及贩卖者，杖一百、徒三年。买者杖一百。藏匿旧版，不行销毁，减印刻一等治罪。藏匿其书，照违制律治罪。"② 1742年禁令还规定了对失察官员的行政处罚："如视为具文，奉行不力，以致三年之后尚有此等书籍，因事发觉者，各该督

---

① 《大清律集解附例》（1725），"御制序"，第 19 页。
② 《大清律续纂条例》（1743），卷 2，第 16a 页。

抚将地方官附参，照禁止淫词小说例，该管官员不行查出一次，罚俸六个月，二次罚俸一年，三次降一级调用。"①该禁令是清代统治者管控商业版法律出版物的一项重大举措，反映了乾隆朝对法律信息传播的严格管控。此禁令在乾隆朝得到有效实施，以致清前期的版本极少留存，很可能多数被禁毁。到目前为止，早于乾隆朝的清代通俗法律读本笔者只见到一种。

尽管禁令严格、刑罚严厉，通俗法律读本仍未销声匿迹。乾隆朝之后，清廷不再重申禁令。禁令在嘉庆朝似乎有所放松，通俗法律读本在晚清市面上重现并丰富起来。况且乾隆朝的禁书运动主要瞄准的是刻本，对于手抄本，政府更难发现和销毁。对禁令的成效，晚清著名法学家薛允升这样评论："然刻本可禁，而抄本不可禁，且私行传习，仍复不少，犹淫词小说之终不能禁绝也。"②因此，乾隆时期的禁令对通俗法律读本的制作与传播的影响，充其量只是暂时的。

六　诉讼实践中的法律知识

知识就是力量。中华帝国晚期的人们在获得法律知识和诉讼技能后，乐于为了达到自己的目的而利用（经常是滥用）它们。清代县级法律档案中记载了大量诉讼，其中不少诉讼案件显示，熟知法律的百姓利用法律知识与诉讼技能来

---

① 中国第一历史档案馆，刑科题本数据库，档号：02 - 01 - 07 - 14078 - 007。

② 薛允升：《读例存疑点注》，胡星桥、邓又天主编，中国人民公安大学出版社，1994，第703页。

撰写告词、诉词，使自己的起诉被县衙受理并解决纠纷。淡新档案中的林氏讼案就是清代诉讼当事人如何在诉讼中运用法律的典型例证。1887 年，64 岁的寡妇林氏到新竹县衙投状，告她的第四个儿子偷了她的钱，还打了她。林氏在状词中首先占据道德制高点，声称自己是勤劳的贤妻和孝顺的儿媳。她育有六子，丈夫早逝，自己将儿子抚养成人，但她的第四子范火生极其不孝，经常犯罪。她在词状中写道：

> 第四子范火生不惟不孝，纵妻忤逆辱母，竟敢嫖赌潜偷氏银贰佰元，花销滥开，要追理斥返挟恨钉心，胆敢屡回家较闹，帮妻廖氏恶言辱骂，横言肆辱，势欲逞凶殴打扭扯，将氏衣衫扯破，幸有邻右阻救得脱……似此忤逆潜偷辱骂欺母，大干律究，不蒙饬差严拘究追，按律惩办![1]

林氏请求知县对范火生严拘究追，按律惩办。林氏的控告中指明她儿子的不法行为应受到法律的严惩。确实，詈骂、殴打父母在中华帝国晚期都是要处死的重罪。因此状词中提到的严重情节立刻引起知县重视，他决定受理此案，并要求原告补充证明被告犯罪的材料。

两周后，范火生一方的反诉提交到衙门，但状词中的故事与林氏所诉大相径庭：他虽为林氏所生，但四岁幼龄时便被没有子嗣的四叔收养承嗣。范家分家时，林氏另五个孩子

---

① 《淡新档案》，档号：35104 - 1。又见 Guanyuan Zhou，"Beneath the Law，" 23 - 30.

不满他们只能得到其父遗产的五分之一，而范火生作为四叔的唯一继承人能独占四叔产业。这五兄弟把持家族财产，拒绝给范火生应得之份，那份告状也是他们假托林氏名义而作，纯属诬告，意在用死罪构陷范火生。他们明显打算除掉范火生，吞掉应分给范火生的财产。在知县的审讯中，林氏承认范火生被他四叔收养。知县谴责林氏的诬告，但由于清律规定父母诬告子孙勿论，没有追究她的责任。①经过几回合告、诉与陈请，林氏和范火生在当地乡绅和宗族长老的调解下就分家达成协议，随即撤诉。

这场官司反映了中国古代诉讼参与人是如何操纵法律，如何将法律知识运用在诉讼实践中的。林氏和她的儿子，或者是他们聘请的讼师，显然是了解子女辱骂父母、子女殴打父母的法律的，毕竟此类法律信息广泛传播且易得。相关法规见于不同版本的通俗法律读本，也在圣谕宣讲中被频繁提及。例如，不少通俗读本如《惊天雷》中所收"律例总括歌"里有两句："儿女打爹娘，犯法该问剐……子孙骂尊长，绞罪不用量。"②歌词中的信息即便不十分准确，也还是讲出了犯罪的严重性及其对应的严厉刑罚。林氏明显基于对这条法律的了解而捏造情节，将兄弟间的民事争产转为子殴母的刑事重案。对林氏及其子而言，这是"一石三鸟"的良策：因为涉及死罪，起诉更容易被受理；如原告胜诉，范火生将受到严厉制裁；即便知县发现是诬告，也会因为清律规定父母诬告子孙勿论而不被追究责任。因此，这一控告显然表示

---

① 《淡新档案》，档号：35104－3；Jones, *The Great Qing Code*, 324.

② 孙家红、龚汝富编《明清讼师秘本八种汇刊》，杨一凡主编《历代珍稀司法文献》第 11 册，第 237～238 页。

他们（或他们的讼师）熟悉法律规范和州县司法实践。

淡新档案中另一个案子也生动展示了清代人如何操纵法律知识来达到自身目的。1843 年，江腾蛟的祖父从张氏兄弟张有情、张添丁那儿买了块地。大约 27 年后，可能是由于地价上涨或张氏后代生活困难，张有情之子张国想要"找洗"（即卖方要求买方追加田地金额）。①张国因为害怕江腾蛟不同意付上涨的地价，就先找江腾蛟之父借了 20 元，然后拖着不肯还钱，说是想留下这笔钱作为"找洗"的金额。江腾蛟大怒，催张国还钱。张国有一晚到江家地里偷偷地挖了个假坟。第二天早晨，江腾蛟在地里发现一些庄稼被践踏，并出现了个可疑的新坟堆。他没多想，就告知总保并当众平了坟。过了两天，张国带着十来个人一窝蜂冲进江腾蛟家，指控江腾蛟损毁张氏祖先坟墓，要江腾蛟归还遗骨，并威胁说如不归还就赖着不走，还说"虽百金亦难姑息"。②

江腾蛟这才意识到自己落入了张国的陷阱。张国显然知道发冢是重罪。清律第 276 条规定："凡发掘（他人）坟冢见棺椁者，杖一百、流三千里。已开棺椁见尸者，绞（监候）。"不少通俗法律读本里收录了发冢律及相关讼案样本。如《惊天雷》不仅详细记录了条文，还收录了有关发冢律的大概 30 个诉讼词语和 5 个讼案样本。③律典中，此条在"刑

---

① "找洗"在晚清台湾土地交易实践中很常见，参见周翔鹤《清代台湾的地权交易——以典契为中心的一个研究》，《中国经济史研究》2001 年第 2 期。

② 《淡新档案》，档号：23103 - 1。

③ Jones, *The Great Qing Code*, 260；孙家红、龚汝富编《明清讼师秘本八种汇刊》，杨一凡主编《历代珍稀司法文献》第 11 册，第 322 ~ 324、341 ~ 344 页。

律·贼盗”部分；《惊天雷》里，此律却与其他土地、财产、继承等民事纠纷一起放在了"户律"中。《惊天雷》凭借对发冢律的重新归类，提醒读者可以考虑在田产类民事纠纷中使用此条。张国想用（更确切地说是滥用）此律来解决他与江腾蛟的土地和债务纠纷。江腾蛟毁掉假坟，张国就占到上风：他可以控告江腾蛟发掘祖坟、暴露尸骨，此罪依律当死；他还能以潜在的诉讼及严刑相威胁，让江腾蛟多赔钱或对债务做出妥协。

江腾蛟被张国的诉讼陷阱给设计了，这令他们全家惊恐万分。江腾蛟考虑之后，决定先到县衙提起控告。告词中，江腾蛟叙述土地交易和债务来由，张国找价之意与坟墓之事。知县在批示中责备江腾蛟不告官就擅自平坟，"致今张国有所借口，纠同子侄到尔家内坐索骸骨，实属咎由自取"。但知县似乎认同江腾蛟所说的争产是实而坟墓是虚，要求江腾蛟提供 1843 年交易契约供进一步调查。数日后，张国侄儿诉到衙门，称 1843 年的交易系"典"而非"卖"，当他攒够钱要赎地时，江腾蛟却拒绝了，还怀恨在心，毁了张家祖坟来报复。知县批语中对张家控江腾蛟发冢一事置之不理，而是将诉讼作为民事类土地纠纷看待，要求张国一方提供地契。知县听审后发现交易确实如江腾蛟所说是买卖性质，便薄责张国，但要求江腾蛟也退一步，免去张国的债务。双方看起来都服判，不再诉讼。①

林氏和张国的讼案并非例外。历史学者检视地方档案后指出，清代诉讼参与人经常将债务、地界、婚姻、继承类民

---

① 《淡新档案》，档号：23103 - 1 ~ 10.

事纠纷伪装成涉及盗窃、抢劫、绑架、诱拐、强奸、赌博、杀人等刑事重案。对讼师的研究成果也表明清代诉讼参与人经常使用捏造或夸大指控的诉讼策略，因为他们认为州县官员对民事细故漠不关心，民事纠纷很难被官府受理。[①]如林氏案所示，诉讼参与人在撰写告词、诉词状中习以为常的是，基于律典中的一条或几条规则而虚构或夸大情节，请求地方官依律科断。又如张国案所示，一些诉讼参与人甚至会操纵法律知识来设置法律陷阱，从而将民事纠纷细故转化为重情刑案，在诉讼中发挥杠杆作用。

中华帝国晚期的官员对诉讼实践中蔚然成风的虚构和夸张情况相当警觉。一位官员这样评论诉讼中的夸大其词："如白日相殴于路，则必诬曰劫夺；入于其家而相竞，则必诬曰抢劫；与其妇女交争，则必诬曰强奸；坟墓侵界，则必诬曰发掘骸骨。"[②]鉴于很多诉讼参与人为谋求民事利益而做出犯罪指控，地方官能够判断那些往往隐藏在告词、诉词状中罪行描述与诉苦背后的真实诉讼目的是至关重要的。如林氏和张国两案即便最初的控告牵涉严重犯罪，地方官最终都明辨所办案件为民事纠纷。

通俗法律读本潜移默化地影响了清代的地方诉讼方式。夫马进、周广远、邓建鹏等学者的研究，以及本章对于《惊天雷》等书籍的分析，都指出通俗法律读本与清代地方档案

---

① Guanyuan Zhou, "Beneath the Law," 146 - 209；邓建鹏：《讼师秘本与清代诉状的风格——以"黄岩诉讼档案"为考察中心》，《浙江社会科学》2005 年第 4 期；Macauley, *Social Power and Legal Culture*, 140 - 142.

② 龚汝富：《明清讼学研究》，第 70 页。

中诉讼文书写作间的明确关联，具体包括：

第一，用语相似。告词、诉词状通常借用通俗法律读本中的"朱语"。清代告状者在状词标题中利用这些词语来夸大讼案的严重性以引起官员注意。例如，他们将继承纠纷写成"因奸荡产"，将财产争议说成"逞凶殴打"。①

第二，文风相似。按照通俗法律读本中的诉讼策略，诉讼参与人通常将自己说成贫弱无依，对方则是实力雄厚的强势富豪。告词、诉词的结构通常遵从通俗法律读本中的指示说明，读本中的示例与档案中的实例在用词和语调上也很近似。真实词状与诉讼文例间仅有的差异在于篇幅，现实中的诉状比通俗法律读本中的例子更长。②

第三，利用及滥用法律的策略相似。《惊天雷》等通俗法律读本中同时印有法律条文、诉讼词语示例和诉讼文书样本，其指示说明和诉讼文书样本均表明在诉讼中运用法律的重要性。清代地方档案中的词状反映了诉讼参与人对通俗读本中的法律内容采功利主义态度。诉讼当事人以法律为武器捍卫自身利益和攻击对手。他们选用那些为自身利益服务的法律，依法小心撰写（或编造）情节，常常明确请求官员依律断案。他们不必在状词中明确引用法条，也无须知晓多种多样的犯罪情节及相应刑罚幅度。因此，就算是非常简单的法律知识，如"子孙殴祖父母、父母者死"和"发冢见尸者严惩"也可能非常有用。了解法律条文及如何在诉讼中利用它们，显然方便了人们去打官司。

---

① 邓建鹏：《讼师秘本与清代诉状的风格——以"黄岩诉讼档案"为考察中心》，《浙江社会科学》2005 年第 4 期，第 72 页。

② Guanyuan Zhou, "Beneath the Law," 231–232.

通俗法律读本不仅将专业法律知识传播给普通读者，更重要的是转变了大众的法律观，培养了中华帝国晚期的大众法律意识。

＊＊＊

当巡抚讯问程氏兄弟是在哪里买到的《惊天雷》，他们回答说只是从不知姓名的书商手中购得。奏折中还提到了官员在程氏兄弟家中搜出的《惊天雷》是四本，暗示这部《惊天雷》可能是较长的（八卷）版本。①可见，即使程氏兄弟生活在偏远山区，也可以买到《惊天雷》。尽管河南鲁山远离各大出版中心，流动书贩沿着贸易路线也能到达村镇，程氏兄弟极有可能从这种小贩手里买到了书。他们买书或为了这次诉讼，或出于好奇或娱乐早就入手了，直到遇上麻烦才根据书中学到的东西想到"解决方案"。

不少清代人士可能也像程氏兄弟那样获得了通俗法律读本，利用从书中学到的知识参与诉讼。正如《金瓶梅》《水浒传》一类的禁书小说广泛流传，通俗法律读本也并不因国家严禁而彻底消失，禁令反倒激起了读者对通俗法律读本的好奇。有证据显示，大量通俗法律读本在清代社会上传播、在书市里销售。这些书带给社会底层人士相对准确的法律知识和诉讼技巧。多数读者，如程氏兄弟，都是底层文人或识字百姓。

通俗法律读本中的多数法律信息来自律典中的律例条文。换言之，通俗法律读本将正统法律知识带给读者。《惊

---

① 台北"故宫博物院"，清代宫中档及军机处档折件资料库，档号：404013144。

天雷》一类的书直接从律典中抄录文字。然而，通过将此类
教条知识与诉讼技巧相结合，通俗法律读本成功地改变了法
律条文的意义和用途。法律不再是国家制定的管控与秩序的
可畏象征，而成为人人可用甚至操纵来谋求自身利益及打击
对手的工具和武器。通俗法律读本通过对法律内容进行筛
选、简化和分类，将官方所定、官员所用的精英文本转化为
讼师从业者甚至百姓都能读懂的通俗内容。多数清代版本通
俗法律读本使用的上下两栏版式，对法律法规和诉讼文书样
本进行了有效组织和分类，极大方便了读者查找书中有用信
息。当程氏兄弟决定控告地方书吏和衙役腐败与滥征赋税
时，他们很容易就能在《惊天雷》的"告衙役套语摘句"
里找到一百多个词语范例，①还能在"蠹骗类"中找到告吏
役贪腐、在"户役类"里找到告滥征赋税的法律条文和诉讼
文书样本。

　　从晚明到晚清，通俗法律读本最显著的变化是书中准确
法律信息的增加。《惊天雷》包含大量从律典中摘抄出来的
律例，晚明版本中极少包含如此详细准确的法律信息。相对
准确和详细的法律信息在通俗法律读本中的比重增加，满足
了读者对此类知识的兴趣与需求。积案重负下的地方官府不
愿受理那些没有明确法律依据的案件。清代地方司法档案也
证明诉讼参与人在告词、诉词状的案情叙述中虽然很少明确
提及具体的法条，但经常会以法条为框架，暗示法律支持他
们的诉讼请求，要求地方官员"按律严惩"或"如律法

---

①　孙家红、龚汝富编《明清讼师秘本八种汇刊》，杨一凡主编《历代珍
　　稀司法文献》第 11 册，第 345～347 页。

究"。法律规范和诉讼知识能显著增强诉讼当事人赴县诉讼的机会。类似程氏兄弟、杀人犯杜怀亮、林氏、张国等的很多平民，在运用与滥用法律和司法体制上都了解一定的律例知识而敢于以此达到自己的目的。

第五章 通俗法律教育

有了全国性的书籍市场，人们就很容易买得到包括律典、多种律学著述和通俗法律读本在内的法律书籍。识字者若能买得起书，就能精准而及时地获取法律信息。但对大部分清代百姓而言，近七成男性和超过九成女性可能不识字，①清代社会是否还存在其他法律信息传播方式？不识字者能否得到相对准确的法律信息？

此前研究主张清代并无行之有效的通俗法律教育，广大百姓无法获得准确而及时的法律信息。多数百姓仅能知道小说、杂剧和戏曲中"零星的、多半也不准确的"法律信息。②然而，圣谕宣讲和许多中央和地方档案均显示，清政府及很多官员都致力于向民众传授法律知识。最重要的法律教育途径就是圣谕宣讲制度。尽管这在此前一般被看成道德教化，但其实圣谕宣讲不仅传播道德，还包括律典中律例条文的法律讲座。讲者一般高声宣读法律条文并用白话向听众解

---

① Rawski, *Education and Popular Literacy*, 22 – 23.

② Wejen Chang, "Legal Education in Ch'ing China," 292 – 339.

释。法律条文被慎重选择并传授给清帝国的百姓，无论男女老幼、识字或不识字、汉人或非汉人。这些讲座使受教育程度有限的百姓能了解一定的法律基础知识和法律原则。因此，相对准确的法律知识在清代得到了前所未有的流通和普及。有赖清律坊刻本、通俗法律读本和其他法律书籍的印刷，以及圣谕宣讲，无论是官员士子还是平民百姓都可以通过文本、讲话与宣传，了解成文法规和刑罚。

一　普法态度与政策

多数清代统治者抱持的观点是，百姓需要了解清律中体现国家权威的法律原则和基本规则。清代皇帝和官员普遍相信施仁政就应当将法律公布给百姓，普法教育百姓，告诫百姓如胆敢违法将承受严厉刑罚。百姓拥有一定的法律知识，知道刑罚严酷，便不容易走上犯罪道路，从而有助于构建理想社会。普法教育的理念可追溯到两千多年前。儒家五经之一的《周礼》给出了西周大司寇的职能："正月之吉，始和，布刑于邦国都鄙，乃县刑象之法于象魏，使万民观刑象。"①《周礼》所描述的西周政府象征着儒家话语中的理想善治，因而此书所表达的是，理想之仁政应当公布法律和刑罚，使境内人人周知。

周代公布法律的故事也许是虚构的，但为后世统治精英进行普法教育提供了示范。清代统治者频繁引用这句话，使其向广大群众公布和宣传法律的做法正当化。例如，在《大

① 郑玄注，贾公彦疏《周礼注疏》卷34，武英殿1739年版，第19a页。

清律集解附例》中，雍正帝在序言中引用了《周礼》记载，并强调官员应仿照周代范例来推进法律普及教育："国有常刑，月吉始和，布刊于邦国都鄙，乃悬刑象之法于象魏，使万民聚而观之。是知先王立法定制，将以明示朝野，俾官习之而能断，民知之而不犯，所由息争化俗，而致于刑措也。……若自通都大邑至僻壤穷乡，所在州县仿《周礼》布宪读法之制，时为解说，令父老子弟递相告戒，知畏法而重自爱。如此，则听断明于上，牒讼息于下，风俗可正，礼让可兴。"①在他眼中，普法是淳化社会习俗的必要手段。类似论证在清代支持通俗法律教育和促进地方社会法律知识传播的文献中非常普遍。

但也有些清代统治精英对法律教育在改变风俗和稳定社会方面的效力产生了质疑。②令他们忧心的是百姓过于通晓法律将会带来的风险。将法律条文和法律知识看作道德伦理和社会秩序威胁的观点也可追到上古。在《论语》中，孔子赞颂德礼胜过政刑："道之以政，齐之以刑，民免而无耻。道之以德，齐之以礼，有耻且格。"③尽管《周礼》表示政府应当向大众公布法律，但另一些早期儒家典籍警告说，法律的公布将导致道德风险和政治风险。《左传》记录了郑国执政铸刑书所招致的尖锐批评："昔先王议事以制，不为刑辟，惧民之有争心也。犹不可禁御，是故闲之以义，纠之以政，行之以礼，守之以信，奉之以仁，制为禄位，以劝其从。严断刑罚，以威其淫。惧其未也，故诲之以忠，耸之以行，教

---

① 《大清律集解附例》（1725），"御制序"，第 1a ~ 1b、4a ~ 4b 页。
② 例如《清实录》第 20 册，第 554 页。
③ 《论语·为政第二》。

之以务，使之以和，临之以敬，莅之以强，断之以刚。犹求圣哲之上，明察之官，忠信之长，慈惠之师，民于是乎可任使也，而不生祸乱。民知有辟，则不忌于上，并有争心，以征于书，而徼幸以成之，弗可为矣。夏有乱政，而作《禹刑》；商有乱政，而作《汤刑》；周有乱政，而作《九刑》。三辟之兴，皆叔世也。……民知争端矣，将弃礼而征于书。锥刀之末，将尽争之。乱狱滋丰，贿赂并行，终子之世，郑其败乎！"①批评者认为公布成文法将威胁人们对礼仪与权威的尊重，这无可避免地导向道德滑坡和政治失序。

　　清代法制面临很多困难与挑战，尤其在乾隆中期之后，州县官要面对大量积案和屡禁不止的虚假诉讼。一些统治精英开始在困境中重新审视法律教育政策，认为法律知识的过度传播会导致百姓太过好讼，传授法律知识对社会弊大于利。在此背景中，有关法律知识潜在风险的讨论开始复苏。例如，嘉庆帝虽然没有公开反对以圣谕宣讲普法，但频繁驳回官员采取其他渠道普及法律信息的奏请。1812 年，一位官员为了防范百姓参加邪教，建议朝廷应当在民间印发和宣传有关"禁止师巫邪教"的律例，嘉庆帝严厉驳斥：

　　国家明罚敕法，刑人于市，与众弃之，必将所犯罪名出榜晓示，原使愚夫愚妇共见共闻，知所畏惧，而犯法者相仍，岂刊布律文遂能止奸禁暴？况律文各有精义，乃朝廷用法之大柄，又岂编户愚氓所可家喻而户晓

---

① 《春秋左传注疏》卷43，汲古阁本，第 20b～25a 页。

耶？所奏不可行。①

在嘉庆帝眼中，教给百姓法律无助于预防犯罪和改变风俗。他指出多数百姓本已具备一些基本的法律知识，让他们彻底理解律典中的法律精义也不可能。传播法律条文对百姓理解法律无甚帮助，遑论约束其行为了。

因此，清朝统治者对法律知识的民间传播和民众的法律教育持复杂态度。一些人如雍正帝的理念是教导百姓知法、懂法、守法，这样可以转变风俗和降低犯罪率；但另一些人如嘉庆帝有时会怀疑普法对改变地方风俗和维护社会秩序的效果，指出普通百姓本已然知悉一些基本的法律与道德原则，国家再进一步提供法律教育是弊大于利。但如下节所示，他们均未质疑圣谕宣讲这一清代主要法律教育途径的合理性和有效性。

二　圣谕宣讲制度

清代圣谕宣讲制度在官府支持的民众法律教育活动中起重要作用。宣讲仪式远承兴起于北宋的乡约。在吕大钧等宿儒的推广下，北宋乡约是一类强调"成员之间互助、互惠与合作"的自愿社区组织。宋代精英通过建立乡约，意在建立不受官府干预的地方自治社区，确立其在当地的领导地位。他们还重视通过"激发成员的道德潜能"来对民众进行道德

---

① 《清实录》第 31 册，第 488～489 页。

教化。① 乡约在元代被削弱，至晚明复兴时，开始与国家管控与道德规训产生更紧密的联系。尤其是在晚明，发起乡约的人中，地方官比乡绅多。乡民全员都被要求参加乡约，要面向刻着明太祖六谕的木牌行三叩五躬之礼，但在宋代人们只是对着孔子像叩首。诵读明太祖六谕，有时还伴随着一些对《大明律》的宣讲，逐渐成为乡约的核心。乡约还与旨在维持社会治安和政治秩序的保甲制度逐渐结合。② 因此明清乡约组织的核心特征逐渐从自愿加入、乡绅主导、地方自治组织转为强制参加、官员主导、国家支持的宣讲仪式。

清代的圣谕宣讲制度有两个新特点。第一个新特点是朝廷对乡约的管控更多，尤其在清中前期。清代皇帝对地方官吏颁发了指导宣讲如何组织和举办的详细规则，以及国家授权的宣讲手册。相比宋明时期，清代宣讲圣谕的内容更强调国家权力和皇帝权威。1670 年康熙帝发布圣谕十六条，随即成为清代圣谕宣讲的大纲。圣谕十六条改编自明太祖六谕，具体内容为：

1. 敦孝弟以重人伦

① 常建华：《乡约的推行与明朝对基层社会的治理》，朱诚如、王天有主编《明清论丛》第 4 辑，紫禁城出版社，2003，第 2 页；de Bary, *Asian Values and Human Rights*, 58 – 89; Übelhör, "The Community Compact," 371 – 388.

② McDermott, "Emperor, Elites, and Commoners," 299, 310, 316; 常建华：《乡约的推行与明朝对基层社会的治理》，朱诚如、王天有主编《明清论丛》第 4 辑，第 2 页；王四霞：《明太祖"圣谕六言"演绎文本研究》，硕士学位论文，东北师范大学，2011，第 31 ~ 32 页。

2. 笃宗族以昭雍睦

3. 和乡党以息争讼

4. 重农桑以足衣食

5. 尚节俭以惜财用

6. 隆学校以端士习

7. 黜异端以崇正学

8. 讲法律以儆愚顽

9. 明礼让以厚风俗

10. 务本业以定民志

11. 训子弟以禁非为

12. 息诬告以全善良

13. 诫匿逃以免株连

14. 完钱粮以省催科

15. 联保甲以弭盗贼

16. 解仇忿以重身命①

明太祖六谕着重强调民众在家庭和社区层面要循规蹈矩与承担责任，而并未强调民众与统治者和国家之间的关系。②在康熙帝颁布的圣谕中，家庭和乡邻方面延续了六谕的意识形态，但明显更强调百姓对国家法律秩序的遵守和政治上的服从。正如史家狄百瑞（William Theodore de Bary）所言：

① 夏炘：《圣谕十六条附律易解》，杨一凡编《中国律学文献》第4辑第4册，第549~551页。

② 六谕最早颁布于1397年，内容包括孝顺父母、尊敬长上、和睦乡里、教训子孙、各安生理、毋作非为。Mair, "Language and Ideology," 327; de Bary, *Asian Values and Human Rights*, 72.

"（圣谕十六条）意在加强国家权力和皇帝权威，如加强朝廷法令的落实、忠于朝廷、避免犯罪、处罚逃人、承担赋税、禁止异端等。"①

康熙帝及他的后继者不遗余力地宣传圣谕十六条和重建乡约制度，期望用圣谕中的道德原则与律典中的基本法律知识教化百姓。1679 年，朝廷发布了康熙帝钦定的圣谕宣讲手册，发放给帝国府、县、村、镇的宣讲者。手册中指导宣讲者要对当地百姓宣读圣谕十六条原文、白话释文及一些律典中的条文。1686 年，康熙帝命令官员在军中和西南非汉人聚居地推行宣讲。② 1700 年，他指令地方学校的教员对学生宣读和阐释圣谕十六条。雍正时期，朝廷继续构建圣谕宣讲的制度体系。1729 年，雍正帝发布谕旨，要求在"直省各州县大乡大村人居稠密之处，俱设立讲约之所"，由地方官负责或者由官府正式指派的约正负责在每月的初一和十五举办宣讲。③ 这份谕旨将乡约定义为圣谕宣讲。遵循此法，清廷直接管控了乡约的制度和组织：由朝廷规定宣讲内容，并赋予地方官选拔约正的权力，而此前的约正是由当地居民集体公开推选的。因此在雍正朝，乡约正式成为国家主导的道德和法律教谕与宣讲组织，意在向百姓灌输道德教条，同时加强中央政权对地方社会的控制。

雍正朝以后，清廷继续强调圣谕宣讲在道德教化百姓方面的重要性，要求地方官切实施行。乾隆帝发布了至少 15

---

① de Bary, *Asian Values and Human Rights*, 72.
② 《钦定大清会典事例》卷 397，第 3a～3b 页。
③ 周振鹤：《圣谕广训：集解与研究》，上海书店出版社，2006，第 585 页；《钦定大清会典事例》卷 397，第 34b 页。

份谕旨来支持和规制圣谕宣讲。他命令地方官到偏远村落和非汉人生活的边疆地区宣讲，还鼓励讲师用白话给百姓宣讲圣谕和传授法规。①嘉庆帝发布了大约 10 份相关谕旨，道光帝至少有 5 份。即便在帝国处于崩溃边缘的同治朝、光绪朝，朝廷仍然通过发布一些谕旨来强调圣谕宣讲在道德教化百姓方面的重要性，要求官府和学校定期宣讲。②

除了皇权控制，清代圣谕宣讲的第二个新特点是礼节仪式的削减，以及道德、法律宣讲重要性的增强。晚明乡约通常有冗长的典礼仪式。所有参与者要五鞠躬、三叩首，与官员觐见皇帝时所行礼仪相同。在晚明，很多乡绅相信此种仪式能维护社会等级、宣扬道德规范。③ 然而在清初，圣谕宣讲的仪式已经开始简化。尽管当地方官向刻有圣谕的木牌叩首时百姓也得下跪，但他们无须再进行三叩五躬仪式。而在晚清的宣讲中，百姓只是围着讲坛聚集站立，无须下跪（图5-1）。仪式重要性的削弱也体现在不同时期的宣讲手册中。明末清初许多宣讲手册煞费苦心地描述典礼如何举办，晚清的宣讲手册对礼仪几乎只字不提，甚至某些地方官员和约正都不再对着圣谕木牌磕头了。

晚清时期，有些地方的宣讲活动日复一日举行，例如广州的地方官雇请讲者在当地市场或繁忙的街上设置讲台，让讲者每天对当地百姓宣读圣谕、律例和善书。④ 晚明和清初

---

① 《钦定大清会典事例》卷 398，第 1a～2a 页；《清实录》第 12 册，第 419～420 页；周振鹤：《圣谕广训：集解与研究》，第 587～588 页。

② 例如《清实录》第 57 册，第 932 页。

③ McDermott, "Emperor, Elites, and Commoners," 306, 310–312.

④ 戴肇臣：《从公三录》，《官箴书集成》第 8 册，第 13a～14a 页。

图 5 – 1 晚清苏州的圣谕宣讲

资料来源：《点石斋画报》，广东人民出版社，1983，第 74 页。

那种有序、严肃和仪式化的圣谕宣讲，在晚清逐渐变得像是拥挤嘈杂的故事会。《点石斋画报》的一幅石印图片描绘了晚清苏州圣谕宣讲的场景，正在发言的讲者显然是位官员，他身穿官服在奋力宣讲，站在周围的听众有男有女，他们有的在听，有的在交谈，还有的在乱跑。整个喧闹杂乱的画面看起来与木刻画上组织有序的清前期圣谕宣讲场面（图 5 – 2）截然不同。

伴随着仪式的重要性降低，清代官员和乡绅更多地将口头教谕引入圣谕宣讲。宣讲的重点因而逐渐从仪式转移到由讲者向百姓传授道德教条和法律知识上来。在清代，"讲读律令"在圣谕宣讲中的比重明显增加。尽管晚明已有讲者开始介绍法律，但清代讲者用到的律例数量更多。此外，清代

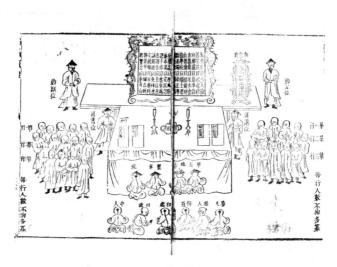

图 5 - 2　连山县圣谕宣讲仪式

资料来源：李来章《圣谕宣讲条约》(1705)，哈佛 - 燕京图书馆藏。

宣讲中对圣谕的解释更详细，用语更贴近日常口语，而且比明代宣讲包含更多的细节和例证。[1] 清代官绅都认为只有通过仔细教给百姓道德原则（应做什么）、法律知识（警告其犯法可能受到的处罚）及宗教观念（以因果报应思想相约束），才能使百姓真正被打动和转变。以往关于清代道德教化的研究表明，很多清代的知名思想家抱持"以礼仪促教化"的态度，即利用典礼仪式来教育百姓和移风易俗。[2] 但就圣谕宣讲而言，从明末到清末，典礼的作用逐渐减弱。与此同时，道德和法律的讲授在道德教化中的作用逐步增强。

---

[1]　对晚明宣讲用语的研究，参见王四霞《明太祖"圣谕六言"演绎文本研究》，硕士学位论文，东北师范大学，2011，第 21 ~ 46 页。关于清代宣讲用语的研究，参见 Mair, "Language and Ideology," 326 - 356.

[2]　Chow, *The Rise of Confucian Ritualism*, 1.

因此，清代道德教化途径多元。尽管有些清代思想家也许提倡的是礼仪途径，但许多官绅在普及道德教化的实践中采取的方法是更注重说教的。

圣谕宣讲的形式因时制宜、因地制宜，但很多具有以下相似流程。在城里，知县本人通常主持每月初一、十五的圣谕宣讲仪式。他们选择自己的衙门、文庙、寺院、道观或其他空旷场地作为宣讲场所。仪式大约从上午十点开始，知县及其同僚身着正式官袍，对圣谕木牌行叩首礼。当地百姓在宣讲堂外聚集，根据年龄站成队列，当官员对圣谕木牌行礼时，百姓也要行跪拜礼。然后全体起立，知县本人或聘请的讲者开始选择一条或多条圣谕大声以官话宣读，再用白话解释。一些南方地区的讲者还会用当地方言解释。讲解之后，还要宣读律典中一些与刚才宣讲圣谕相关的律例条文，警告百姓如果触犯法律将受到怎样的刑罚。最后，官员、乡绅、讲者再次对圣谕木牌叩首，听众再次跪拜。官差将圣谕木牌抬回本衙，宣讲结束。①

乡间的宣讲，大多由官员聘请的讲师主持仪式。在乡村宣讲的讲者、助手、当地士绅起到的作用与城中宣讲时县令等官员起到的作用类似。乡间宣讲通常不及城里那般频繁。例如，雍正朝的河南乡村只在阴历二月、九月、十

---

① 黄六鸿：《福惠全书》，《官箴书集成》第 3 册，第 533～535 页；周振鹤：《圣谕广训：集解与研究》，第 532～548 页；陈秉直、魏象枢：《上谕合律乡约全书》，1679 年本，一凡藏书馆文献编委会编《古代乡约及乡治法律文献十种》第 1 册，黑龙江人民出版社 2005 年影印本，第 493～498 页；王尔敏：《清廷圣谕广训之颁行及民间之宣讲拾遗》，《中央研究院近代史研究所集刊》第 22 辑，1993 年；Mair, "Language and Ideology," 349 –356.

月和十一月举行宣讲。讲者和士绅通常把场所选在寺庙或宗祠，如果不存在此类场所，他们就临时搭个乡间戏班用的木台子。很多档案资料显示，乡间宣讲的仪式和内容与城中无异。①

以往一些研究认为清代圣谕宣讲在民间社会贯彻不力。②近年来，一些学者对地方档案、官箴书及圣谕宣讲手册的研究表明，清代圣谕宣讲是切实有效的，即便某些地方、某些时期的圣谕宣讲比另一些时期、地方贯彻得更加有力度。正如梅维恒（Victor Mair）指出："大批百姓通过乡村的圣谕宣讲了解到，甚至在某些情况下熟知圣谕十六条。"清代官员在著作中频繁提及、引用圣谕十六条，科举考生也经常在答题时提到圣谕十六条。一些晚清报纸记录了圣谕宣讲活动。西方传教士曾参加宣讲仪式并记录了流程和内容，甚至还借鉴此种形式来向中国人传教。③圣谕同样被列入学校向学生教授官话发音的课本。圣谕十六条的内容甚至出现在清末民初流行的文字游戏里。清代族谱也进一步证明了圣谕十六条的广为人知，其中存在很多圣谕宣讲的词语，很多家族用圣谕十六条中的词语作堂号。④

清代前中期，举行圣谕宣讲的主力是朝廷和官员。许多

---

① 周振鹤：《圣谕广训：集解与研究》，第 515、534 ~ 535、543 页；黄六鸿：《福惠全书》，《官箴书集成》第 3 册，第 535 页。

② Hsiao, *Rural China*, 184 – 201.

③ Mair, "Language and Ideology," 359；周振鹤：《圣谕广训：集解与研究》，第 626 页；王尔敏：《清廷圣谕广训之颁行及民间之宣讲拾遗》，《中央研究院近代史研究所集刊》第 22 辑，1993 年。又见《点石斋画报》，"癸编"第 51 页，"亨编"第 74 页。

④ 周振鹤：《圣谕广训：集解与研究》，第 626 ~ 628 页。

省份的地方官致力于编写宣讲手册和举办宣讲。① 到了道光朝、咸丰朝，官方支持的圣谕宣讲组织减少，地方士绅开始倡导和赞助宣讲。即便在太平天国运动时期，圣谕宣讲也没有完全废弛。江南的活动家如余治将宣讲视为启迪听众、驱除邪恶及避免战祸的基本手段。② 太平天国运动之后的统治精英更视圣谕宣讲为重建社会文化秩序的有效工具。晚清士绅不仅组织、管理、资助地方圣谕宣讲，还通过简化仪式程序、补充劝善故事等方式改造宣讲，使之对地方百姓更有吸引力。他们改革圣谕宣讲的努力，通常能赢得地方官的认可和支持。清末的圣谕宣讲，至少在一些地方仍能吸引到大批听众。③ 因此，有赖朝廷、官员、士绅的努力，清代的圣谕宣讲长期存在。在传播正统思想、道德原则和法律知识方面，极少有其他活动能达到圣谕宣讲的影响力和普及度。

三 宣讲中的法律信息

清代圣谕宣讲不仅教授儒家正统的道德原则，也介绍法

---

① 许多例子，参见黄六鸿《福惠全书》，《官箴书集成》第 3 册，第 530 ~ 535 页；陈宏谋《学仕遗规补编》卷 2，《官箴书集成》第 4 册，第 1a ~ 12a 页；田文镜、李卫：《钦定州县事宜》，丁日昌编《牧令全书》，第 7a ~ 9b 页。

② Meyer-Fong, *What Remains*, 30 – 34.

③ 酒井忠夫：《中国善书研究》，刘岳兵等译，江苏人民出版社，2010，第 506 ~ 526 页；戴肇臣：《从公三录》，《官箴书集成》第 8 册，第 15a ~ 21a 页；周振鹤：《圣谕广训：集解与研究》，第 629 页；Mair, "Language and Ideology," 354 – 355.

律知识。这一点被很多研究者忽略，①原因可能是圣谕原文中没多少法律信息，16 条中只有少数提到法律与诉讼。如第三条"和乡党以息争讼"教导百姓与乡邻为善，不应涉讼；第八条"讲法律以儆愚顽"鼓励百姓获取一些法律知识，对法律与刑罚的了解会使得百姓不敢犯罪。尽管圣谕十六条中提到法律与诉讼，但并未提供具体的法律信息。

　　然而，很多清代圣谕宣讲的手册中包含了大量准确的法律信息。这些手册在地方官与宣讲者宣讲圣谕时被广泛运用。清初最有影响的宣讲手册要数 1679 年刊印的《上谕合律乡约全书》，这也是最早一批包含律典、现行则例等详细法律信息的宣讲手册之一。此书的编者之一是著名的满洲官员陈秉直。陈秉直任浙江巡抚时刊印此书，分发给本省的知县与约正，他还请求皇帝批准让其他省份也推行此书。康熙帝接受了他的建议，命令各省督抚印刷此书作为圣谕宣讲指南，此书从而获得了全国性的影响力。②

　　陈秉直在序言中指出，宣讲圣谕是化民成俗的根本途径。他在此书中将每条圣谕都用通俗语言详细解释，这样即便是"穷乡僻壤、愚夫愚妇"也能领会圣谕中的深意。陈秉直强调，道德教化的重要性胜于刑罚，但是如果官府教给百

---

① 梅维恒、周振鹤、酒井忠夫等一些学者都在自己的乡约研究中注意到其中包含法律教育的成分，但他们的论述非常简略，很多只是提及乡约对律典中的法律原则有所介绍，并没有深入探求细节。参见 Mair, "Language and Ideology," 332 - 333；周振鹤《圣谕广训：集解与研究》，第 621 ~ 623 页；酒井忠夫《中国善书研究》，第 496 页；Wejen Chang, "Legal Education in Ch'ing China," 296 - 297.

② 陈秉直、魏象枢：《上谕合律乡约全书》，《古代乡约及乡治法律文献十种》第 1 册，第 268、271 ~ 275 页；《钦定大清会典事例》卷 397，第 3a ~ 3b 页。

姓法律的基本原则与犯罪将承受的严厉刑罚，最冥顽无知之人也能因畏惧刑罚而服从法律。因此陈秉直在每条圣谕讲解后都附上了现行律例，希望百姓守法、不敢胡作非为，"复以现行律例引证各条之后，使民晓然，知善之当为，而法之难犯"。①

陈秉直写道，所有人都值得教化，但官员要对不同智力水平的人采取不同措施。对那些智者、贤者，圣谕能帮助他们立身和培养道德；但对愚不肖者，圣谕中的道德指导就不那么有效了。陈秉直认为，当圣谕中的正面指示不能打动他们时，对刑罚的恐惧至少能阻止其犯罪。法律虽然不尽如人意，但对民众的道德教化还是有用的。②通过在宣讲中教授法律，他意在引发民众对刑罚和国法权力的敬畏和恐惧。例如，圣谕第一条"敦孝弟以重人伦"，陈秉直首先对孝弟之道进行详细解释和举例说明，接着他在"读律"部分说：

> 你们百姓须晓得孝弟是为人之本，若能孝弟，便是世间第一等好人。如不孝不弟之人，试读律上凡骂祖父母、父母及妻妾骂夫之祖父母、父母者并绞，若骂期亲同胞兄嫂者杖一百，又凡弟妹殴兄姐者杖九十、徒二年半，伤者杖一百、徒三年，折伤者杖一百、流三千里，刃伤及折肢若瞎一目者绞，死者皆斩。

---

① 陈秉直、魏象枢：《上谕合律乡约全书》，《古代乡约及乡治法律文献十种》第 1 册，第 268～269 页。

② 陈秉直、魏象枢：《上谕合律乡约全书》，《古代乡约及乡治法律文献十种》第 1 册，第 299～300、418 页。

陈秉直继续列举了 5 条违反孝弟之道的律例，如谋杀祖父母和父母、子孙违反教令及供养有缺等。在此节末尾，他总结道：

> 读此律文，便当时时恐惧，且莫不孝不弟，自干国法。①

陈秉直从律典中引用律例，但简化了很多复杂的法律定义并精简语句。他的化简版律例也确确实实最大限度地保留了律例内容，提到的多数罪名与刑罚既精确又不难理解。依照陈秉直的设计，律典内容应当在地方官和宣讲者解释完圣谕后，大声宣读给当地百姓听。

陈秉直的书中同样为其余 15 条圣谕提供了相关法条，引自律典的共有 39 条律和 12 条例，还有 8 条规则引自现行条例和谕旨。如表 5 - 1 所示，陈秉直选来在宣讲时介绍的律例有三个特点。

表 5 - 1 　《上谕合律乡约全书》所引律条

序号	标题	章节
30	共犯罪分首从	名例
61	讲读律令	吏律·公式
87	子孙别籍异财	户律·户役
97	隐匿田土	户律·田宅

---

① 陈秉直、魏象枢：《上谕合律乡约全书》，《古代乡约及乡治法律文献十种》第 1 册，第 357～359 页。另见 Jones, *The Great Qing Code*, 303, 311 - 312.

序号	标题	章节
101	男女婚姻	户律·婚姻
102	典雇妻女	户律·婚姻
105	居丧嫁娶	户律·婚姻
107	同姓为婚	户律·婚姻
119	收粮违限	户律·仓库
162	禁止师巫邪术	礼律·祭祀
175	服舍违式	礼律·仪制
179	匿父母夫丧	礼律·仪制
181	丧葬	礼律·仪制
182	乡饮酒礼	礼律·仪制
225	私出外境与违禁下海	兵律·关津
254	谋叛	刑律·贼盗
266	强盗	刑律·贼盗
268	白昼抢夺	刑律·贼盗
269	窃盗	刑律·贼盗
270	盗田野马牛	刑律·贼盗
278	盗贼窝主	刑律·贼盗
282	谋杀人	刑律·人命
284	谋杀祖父母、父母	刑律·人命
289	造蓄蛊毒杀人	刑律·人命
290	斗殴及故杀人	刑律·人命
302	斗殴	刑律·斗殴
311	殴受业师	刑律·斗殴
316	同姓亲属相殴	刑律·斗殴
317	殴大功以下尊长	刑律·斗殴
318	殴期亲尊长	刑律·斗殴

续表

序号	标题	章节
319	殴祖父母、父母	刑律·斗殴
324	骂人	刑律·骂詈
328	骂尊长	刑律·骂詈
329	骂祖父母、父母	刑律·骂詈
333	投匿名书告人罪	刑律·诉讼
336	诬告	刑律·诉讼
337	干名犯义	刑律·诉讼
338	子孙违反教令	刑律·诉讼
378	赌博	刑律·杂犯

注：陈秉直的原书中无律条序号和标题，笔者根据法律内容在律典中查找了序号和律条名称，以便读者查找。律文序号引自 Jones, *The Great Qing Code.*

首先，陈秉直罗列的律条在数量上多于条例及其他法规。在他所处的时代，律典中的律例条数大致持平（459 条律、449 条例），但他明显偏重能够体现法律基础与恒常原则的律条，而非更切合实践的条例。可见，他期望在圣谕宣讲时传播的是基础性的法律原则。

其次，陈秉直书中罗列的法条皆经过仔细挑选，与百姓生活息息相关。他在律典的 908 条律例条文中选出 51 条律例，以涵盖百姓生活中可能遭遇的多种情况。他关注的是应对民间常见犯罪的法律，如婚姻、盗窃、杀人、斗殴及诉讼。他从名例、吏律、兵律篇中仅各选取一条律条，但从户律中选出了 7 条，有 24 条律出自律典中的刑律章节。

最后，陈秉直在书中列出的法条是与时更新的。他编纂手册时不仅认真遵循了最新律典版本，而且增补了未纂入律典的一些条例和规章。书中提及的条例，至少有 7 条是在顺治朝、康熙朝新出台或修订的，有时在条例开头会注明"新例"。例如，第六条圣谕的"读律"部分，陈秉直引用了一则1673 年禁止生员涉讼的条例："新例一：士风比来大坏……今后凡生员赴阙赴京跪牌或各衙门捏告渎奏者，除所奏不准外，即革去生员，送刑部查明事情，从重处分。"根据行文语气，陈秉直依据的似乎是奏折或谕旨而非律典。追溯条例来源时笔者发现，这则禁令在 1673 年被制定出来、同年定例，但正式纂入律典要到 1727 年。①可见陈秉直为了保证他书中的法律是最新有效的，选用了未正式纂入律典的新例。

　　陈秉直书中的法律信息是用来在每月宣讲圣谕活动中大声宣读的。他希望以此方式，民众即便不识字也能"知法之所在，心地开明，不为所惑"。②当然，陈秉直推行普法教育，意在促进道德教化、防民犯罪，而非鼓励百姓利用法律知识兴讼。他在第八条圣谕的"讲谕"中，对听众具体阐明律典功能："你们听者：你们百姓可晓得，朝廷设下一部《大清律》却是为何？只恐你百姓们行险作孽，为非作歹，犯出一件事来，定要问断一个罪名。……虽然律上有笞杖、徒流、绞斩、凌迟许多条款森严可畏，殊不知正是朝廷立心忠厚，要你们百姓们见了害怕，不敢去为歹人、兴恶念，事事警醒，做个良善百姓。"在皇权支持下，陈秉直的书被分发到帝国的府、县、村、镇。例如，与陈秉直同时代的黄六鸿在山东任县

---

① 陈秉直、魏象枢：《上谕合律乡约全书》，《古代乡约及乡治法律文献十种》第 1 册，第 398～399 页；《钦定大清会典事例》卷 767，第 6b页；卷 815，第 9b 页。

② 陈秉直、魏象枢：《上谕合律乡约全书》，《古代乡约及乡治法律文献十种》第 1 册，第 419 页。

令，就收到了陈秉直的书，并在当地开展圣谕宣讲时使用。①

除《上谕合律乡约全书》外，另一本由皇帝正式批准发放的宣讲手册为夏炘编写、1868 年首版的《圣谕十六条附律易解》。夏炘是位曾在江西、安徽等地任教的儒士。夏炘的这部手册也载有法律方面的详细信息。②夏炘编纂完成此书后，他的友人、吏部侍郎胡肇智向同治帝推荐了此书。同治帝非常满意，称赞此书承《周礼》教民读法之古意，对圣谕宣讲大有益处，决定将此书作为圣谕宣讲的权威指南，并要求武英殿负责印刷。1869 年武英殿汇报此书已经印刷完成，将发放给各省督抚、学政及盛京将军、吉林将军、黑龙江将军。武英殿还公开销售此书，售价仅 0.15 两。③此后，几个省的官书局都再版重印了此书。例如，江苏书局在 1870 年重新出版了此书。新疆的官员更是将此书翻译成维吾尔语出版，发给官员和地方头领。清末民初，各地读者通过邮购目录便可用 0.185 元轻松买到江苏版此书。④ 因此，在朝廷与各省官员的支持下，夏炘所编此书在晚清得到广泛传播。

与陈秉直的书及其他圣谕宣讲手册相似，夏炘此书也是用通俗易懂的语言来解释每条圣谕及其所涉法律。尽管夏炘的书与陈秉直的书在结构和内容上都相似，但存在两点区

---

① 陈秉直、魏象枢：《上谕合律乡约全书》，《古代乡约及乡治法律文献十种》第 1 册，第 405 ~ 406 页；《钦定大清会典事例》卷 397，第 3a ~ 3b 页；黄六鸿：《福惠全书》，《官箴书集成》第 3 册，第 531 页。

② 夏炘的详细信息，参见杨莉《夏炘的诗学思想研究》，硕士学位论文，安徽师范大学，2006，第 4 ~ 6 页。

③ 《清实录》第 50 册，第 437、698 页；翁连溪编《清内府刻书档案史料汇编》，第 711 页。

④ 罗正均：《左宗棠年谱》，朱悦、朱子南校点，岳麓书社，1983，第 380 页；周振鹤：《圣谕广训：集解与研究》，第 54 页。

别。第一，夏炘书中完全未提圣谕宣讲的礼仪，而陈秉直书里仔细解释了如何正确进行仪式，包括宣讲场所如何布置（图 5 - 2）和详细的典礼流程。第二，夏炘的书包含的法律信息更详细、更准确。夏炘列出了 75 条律例，而陈秉直书中只有 51 条。由夏炘此书可见，普法教育在道德教化中的功能日渐重要，而礼仪的重要性式微。

夏炘在书中阐明了对民众进行法律教育的必要性。他认为百姓分三类，官员应采取不同措施来管理。夏炘写道，"上等人"理解圣贤经典，能充分领会圣谕深意并接受指引；至于"中等人"，官员和讲师可以通过讲述因果报应的宗教故事来打动他们的心灵，教化他们向善；但"下等人"冥顽不灵，圣谕或果报之书都无法启迪他们，因而唯一办法是用严厉的法律与刑罚来限制和震慑他们。夏炘在书中解释："此等人虽愚顽，亦无有不知痛楚、不怕法律的，苟平时与之讲明，它自然会知儆戒……而军民听得此句，须知法律不专是惩暴的，乃是驱人为善的。如果尔民人人知法，个个向善，囹圄空虚，刑措不用，岂不是极难得的美事？"夏炘承认，教会百姓律典上的所有知识是不现实的，认为官员应该经常宣讲简化后的律例。当地百姓除了从圣谕宣讲中学习法律知识，父辈、兄长可以在家庭中教授子弟法律知识："今一部《大清律例》，尔百姓虽不能周知，即每年与尔等所讲之简明律例，农暇无事之时，父讲明以训其子，兄讲明以训其弟。"在地方中，读书人可以将法律知识传授给不识字者。①以这种方式，

---

① 夏炘：《圣谕十六条附律易解》，杨一凡编《中国律学文献》第 4 辑第 4 册，社会科学文献出版社，2007，第 552 ~ 553、590 ~ 592 页。

地方中的所有人，无论长幼、识字与否都可以知晓圣谕和法律。

夏炘书中引用的律例几乎都出自律典。与陈秉直编著的康熙朝宣讲手册相比，夏炘引用的律外条文和规章更少。陈秉直引用了 8 条，夏炘仅引用了 3 条。[①]但夏炘援引的条例更多，有 22 条，陈秉直仅 12 条。在夏炘此书出版的同治朝，清代法制体系已经发生了两大变化。第一，正如本书第一章所言，律典在清朝中后期法律实践中的作用更加重要，而在清前期，律典之外的单行条例起了非常关键的作用。第二，清代立法者增设条例，数量从康熙朝的 449 条加至同治朝的 1892 条。[②]夏炘的书里反映了这些变化。夏炘还简化了法律语言，删除律例中不少复杂难解的语句，与陈秉直一样试图保留关键术语和法律原意。夏炘书中的法律信息因此更准确和直白。他希望在向听众宣读律例时，即便是未受正式教育者也容易理解。

夏炘精选与百姓有关的律例。像陈秉直一样，夏炘重视百姓应熟悉的户律和刑律章节内容，其中包括很多清代民事、刑事的核心律例。在 51 条律、22 条例中，有 45 条律、19 条例是出自律典中的户律与刑律章节。夏炘从户律中选取的法律一般是关于婚姻、课税、经商、土地与产权、继承等的。从刑律中选择的一般是谋叛、杀人、盗窃、抢劫、斗殴、骂

---

① 夏炘书中仅三条法规不是出自律典。一条是禁止父母强迫孩子出家为僧道，一条是禁止窝藏犯人，一条是醉酒者殴打和抢劫。夏炘：《圣谕十六条附律易解》，杨一凡编《中国律学文献》第 4 辑第 4 册，第 603、606、612 页。

② 郑秦：《大清律例考析》，杨一凡总主编《中国法制史考证》丙编第 7 卷，第 43、95 页。

罟、强奸、和奸、违反诉讼规定等。他还从其他章节中收入了几则关于丧葬、服舍式样、公共道路及巫术的律例。

夏炘并未提及他编书时是否参考了陈秉直的书，但他所列出的律例同陈秉直书中的有不少相似，即便他们使用的律典版本明显不同。夏炘所引的 26 条律在陈秉直书中都有，这在夏炘所用律例中占比近半，也占到陈秉直书所用 39 条律的六成以上。这意味着夏炘和陈秉直在对百姓应具备哪些核心法律知识上看法相同。这些律包括户律 6 条（别籍异财、荒芜田地、男女婚姻、居丧嫁娶、同姓为婚、收粮违限），礼律 3 条（禁止师巫邪术、服舍违式、丧葬），剩下 17 条出自刑律（谋反大逆、强盗、窃盗、盗贼窝主、谋杀人、斗殴及故杀人、斗殴、殴授业师、殴大功以下尊长、殴期亲尊长、殴祖父母父母、骂人、骂尊长、骂祖父母父母、越诉、诬告、子孙违犯教令）。这些律条构建了在社会和家庭中婚姻、继承、丧葬等场合正当行事的基本准则，也包括违反准则应受的惩罚，如惩治盗窃、暴动、赌博、杀人、叛乱等。

除了有不少律条相同，夏炘的书比陈秉直的书明显更重视经济类犯罪和性犯罪。他虽然没有解释原因，但这可能是社会经济变化使然。清代经济日趋商业化，法律也随之发生变化，传统社会关系与性别秩序受到人口过量增长、大批"光棍"无力娶妻的威胁。例如，关于圣谕第十条"务本业以定民志"，陈秉直仅引用有关赌博、抢劫和诈骗的 3 条法律，[①] 夏炘则列出了包括私盐、把持行市、私铸钱等在内的

---

① Sommer, *Sex, Law, and Society in Late Imperial China*, 8 - 15, 96 - 101; 陈秉直、魏象枢：《上谕合律乡约全书》，《古代乡约及乡治法律文献十种》第 1 册，第 436～439 页。

6条。夏炘增补的关于商业、市场、产权和交通运输的法律和规章（赌博、盗卖田宅、盗耕种官民田、盐法、违禁取利、把持行市、直行御道、宰杀马牛、盗田野谷麦、私铸铜钱、侵占街道）至少有 11 条，关系到普通民众的经济与财务。另一个明显不同是，夏炘介绍了至少 6 条关于性犯罪的律文，例如犯奸、纵容妻妾犯奸、亲属相奸、杀死奸夫。

陈秉直和夏炘的书中都包含大量准确及时的法律信息，两书是法律知识如何通过圣谕宣讲系统而传授给民众的典型例证。另一些圣谕宣讲手册虽然使用不那么广泛，但包含了详细的法律信息。例如，1745 年出版的宣讲手册《广训附例成案》中不仅包含律例，还有大量相关成案。另一本1857 年苏州出版的手册则将选自律典的律例条文翻译成吴语。[1]清廷大力支持地方官和宣讲者在圣谕宣讲时教授法律。很多普通民众可以通过参加宣讲活动来获取法律知识，清代地方社会也可能具备比我们之前设想得更加老练的法律意识和更敏锐的律例知识。

四　边疆地区的法律教育

在边疆地区，清代官员也推广圣谕宣讲和法律讲座。在内地宣讲法律的目标是移风易俗、维持社会稳定、提高百姓的道德品质；在非汉人聚集的边疆地区，法律宣讲有着类似的目标。除此之外，法律宣讲还承载了文化同化的目的，即

---

① 赵秉义：《广训附例成案》（1745），《圣谕广训集解》（1857 年序），周振鹤：《圣谕广训：集解与研究》。

通过道德和法律教育改造和同化"蛮夷土著"，建立国家在边疆地区的文化和法律权威。清代官员相信通过对世居人群（通常是非汉人群）的教育，法律将改变其"粗俗野蛮"的当地习俗，使百姓接受教化，成为守法臣民。在一些边疆地区，主要基于汉人传统的清代法律与非汉人的当地习惯法之间也互相竞争。因此，正统教条和国家法律的宣传与传播，对清廷建立和巩固对边疆的控制意义重大。

在西南边疆生活着苗族、瑶族、壮族等许多少数民族。尽管自汉代以来，这些地区名义上属于国家疆域，但中央政权直到帝国晚期才试图建立直接管控。明清，尤其是清代，国家政权逐步用官僚行政的直接治理代替通过当地土司的间接治理。清廷建立起常驻官衙，以及与内地类似的税收、户籍和法律制度。在帝国扩张过程中，许多派驻边疆地区的清代官员都认为他们的首要任务是通过在当地社会推行教育来教化百姓和移风易俗。有些官员，例如陈宏谋在云南，着重于建立义学来向当地儿童传授中国文化和儒家思想。①另一些官员则利用圣谕宣讲制度，对当地百姓宣扬基本的儒家价值观和国家法律。

以李来章在连山县的事迹为例。连山位于广东、广西、湖南交界的偏远山区，当地八成以上居民是瑶族和壮族。李来章回忆 1704 年他初到此地时，"民仅七村，丁只二千，外此皆僮民瑶户，大排居五，小排一十有七，约略计之，数且盈万，又重山复岭，瘦石巉削，田居十分之一，终岁勤动，

---

① Rowe, "Education and Empire," 417–220.

稻禾一熟"。①连山县的贫穷偏远并未打消李来章移风易俗的抱负。他从儒家的文化和道德优越感出发，批评连山县非汉人群的习俗是野蛮原始和残酷的，因此应当被彻底改革。他相信尽管这里的民众是"愚蠢"和"顽固"的，但多数人本质善良，因而也是可以教化的。他列举约束世居人群的四个基本措施，第一个就是教，其余三个则是养、兵和刑。②

通过教化政策，李来章旨在全面改革当地瑶民的社会文化生活。他建立连山书院来向当地才俊教授儒学；他发起了一场收集被认为是淫邪、粗鄙、荒谬和煽动叛乱的瑶人书籍并公开焚烧的运动；他努力教育瑶族百姓种植茶桑及开垦农田；③他还在当地社会大力开展圣谕宣讲。他在就任的第一年就出版了名为《圣谕图像衍义》的宣讲手册，两年后又出版另一本书《圣谕衍义三字歌俗解》，用来帮助当地孩童阅读和背诵圣谕十六条。他亲自在县城和附近几个较大瑶民村落宣讲，还雇请儒生负责在较远的瑶民村落宣讲。④

李来章的宣讲与康熙朝其他地方的圣谕宣讲相似。他讲授16条圣谕并详细解释，以及从律典中选出的相关律例。与其他宣讲手册相比，李来章书中的圣谕宣讲有下列专门针对当地非汉人听众而设的内容。他将每条圣谕的宣讲分为五个部分：演说、事宜、律例、俗歌、瑶训。而其他地区的常规宣讲通常只包括宣讲和解释圣谕、宣讲后的读律这两部

① 李来章：《〈圣谕图像衍义〉序》，周振鹤：《圣谕广训：集解与研究》，第 557~558 页。
② 李来章：《连阳八排风土记》，成文出版社 1976 年影印本，卷 7，第 1a 页；卷 8，第 1a 页。
③ 李来章：《连阳八排风土记》卷 7，第 5a~6b、14a~15a、20a~29a 页。
④ 周振鹤：《圣谕广训：集解与研究》，第 535、558 页。

分。在讲述原则和规则的事宜部分，他根据儒家（汉人）价值观宣传良民应有的适当行为。他在俗歌部分教授押韵歌谣，帮助百姓记住圣谕十六条和相关道德准则。他对习俗、文化与汉人不同的瑶民百姓提供具体指导，试图让他们注意到当地特有的"恶俗"，并指导他们如何纠正。他自费在五大排上各建圣谕亭一座，各请儒生一名为讲正，终年在排教导瑶童，并主持每月两次的宣讲。①

李来章热心于在宣讲中向当地百姓介绍国家法律。他在《圣谕图像衍义》中罗列了 30 条律、22 条例、2 条律典之外的法律条文和 4 条选自《督捕则例》的条文。他从律典中选出的律例总计 52 条，与陈秉直《上谕合律乡约全书》的 51 条接近。李来章同样关注户律和刑律两篇，户律数量略胜一筹，但选取的律例很多与陈秉直不同。他似乎打算通过给当地非汉人受众介绍关于课税、田宅及婚姻的法律来改变当地风俗。

李来章认为，把法律知识教给百姓是保护百姓、改善社会的有效方式。他指出国家创设法律以惩治暴力和犯罪，但很多善良百姓也会因为无知而在无意中违法，这些人仿佛盲人行路不幸落入陷阱，对此他深表同情。同样，他观察到瑶民百姓犯下偷窃、抢夺和杀人等罪，主要缘于他们不知道国法。因此，教会这些人法律是防范犯罪、约束当地百姓和改革瑶民风俗的首要途径。他指出，当地所有百姓都应该学法，即便是村中愚民不能了解每一条律，他们也应选择性地学习户婚田土、詈骂滋事及斗殴等方面与生活息息相关的法

---

① 周振鹤：《圣谕广训：集解与研究》，第 535、558 页。

律。他们还应了解和遵从新出台的条例。一有新例，官员就应当让当地人知晓。李来章更大力推进圣谕宣讲以外的民众法律教育。他给辖区内每个村塾都送去一部自己编写的宣讲书籍，要求先生给当地儿童讲授其中的法律。他还强调，妇女也应当知道法律，因为她们通常情绪化又无知，容易轻生，不少轻生者是徒劳地希望以此报复仇人令其偿命。为了解决此类问题，李来章聘请村民中六十多岁的老妇或盲人，教会她们基本的法律和关于美德与孝道的故事，再让她们走访每家每户，给当地妇女讲授法律和故事。①

据李来章汇报，连山的道德和法律教育颇有成效。他任知县的 8 年（1704～1712），当地习俗得到改变。他写道，他在瑶民村庄建立起圣谕宣讲的几年后，大多数瑶民孩子能背出圣谕十六条并解释大意。他还宣称，宣讲成功打动了瑶民的心。《清史稿》中的《李来章传》也赞扬他能使连山县的非汉人百姓信奉"忠信笃敬"等儒学价值。"瑶民之秀者，亦知向学，诵读声彻岩谷。"②尽管这些记叙都有夸大之嫌，但李来章确实努力向连山本地百姓，尤其是非汉人群推行道德与法律教育。在李来章自己的记述中，法律教育改变了当地人对国家法律的态度，使百姓有机会接触司法系统。李来章提到在他任内，瑶民赴县告状的数量大为增加。虽然这可能会令内地的地方官感到不满，但在边疆地区这是个进步。正如李来章所观察到的，此前瑶民通常采用暴力和原始手段自行解决地方冲突，而他开展改革后的几年中，如果不

---

① 周振鹤：《圣谕广训：集解与研究》，第 79～80 页。
② 李来章：《连阳八排风土记》卷 7，第 6b 页；赵尔巽编《清史稿》第 43 册，第 13136～13137 页。

能通过瑶民头人调解解决的纠纷，瑶民会写状诉诸公堂。他骄傲地写道："排中相争皆来赴县告理。"[1] 他不把诉讼看成负担，而是看成当地百姓社会文化转型的标志。

连山的圣谕宣讲并非特例。清代对新疆民众也进行了类似的道德和法律的普及教育，只是开展得很晚。清军征服这片广袤的土地时，清廷并不急于建立正规官僚机构和法律制度，似乎安于将自己对此地的管控限定在军事和商业方面，而非花费金钱与精力来建立正式行政和司法机构来管理。在18世纪和19世纪早期，两套法制在新疆并行。一套是由乌鲁木齐的满洲、蒙古和汉人官员掌握的基于《大清律例》的清代法律体系。另一套是由当地官僚掌控的基于伊斯兰教的新疆地区习惯法。[2] 总的来说，两套法制分族群适用，汉、满、蒙的百姓服从清律，穆斯林服从伊斯兰法。[3] 此时的清廷似乎并未在此设立圣谕宣讲制度。

清朝对新疆政策的急剧变化发生在甘陕动荡后。1877年清政府恢复对新疆的控制后，采取了更激进的手段建立其政治管控和法律支配，并削弱了当地首领和宗教领袖的权力。1884年，朝廷在新疆建省，将内地的行政与司法机构移植到此处。[4] 与此同时，在新疆的官员（多数为汉人）乐于定期举办圣谕宣讲，将中原的价值观和法律全面介绍给新疆穆斯

---

① 李来章：《连阳八排风土记》卷8，第12a～12b页。

② Millward and Newby, "The Qing and Islam," 113 – 134；梁海峡：《近代新疆南疆司法制度研究》，民族出版社，2011，第17～24页；Millward, *Beyond the Pass*, 121 – 122.

③ 存在一些例外，一些死刑重案，如谋反和杀人，是不论宗教而根据清律处罚的。梁海峡：《近代新疆南疆司法制度研究》，第23～25页。

④ Jacobs, "Empire Besieged," ix, 23.

林民众。他们认为宣讲是"化彼殊俗，同吾华风"的最有效途径。

办理新疆军务的汉人将军张曜聘请学者将夏炘的圣谕宣讲手册翻译成维吾尔语，在新疆出版，发给当地宣讲者。译本中，编者保留汉语原文，在行间添加维吾尔语译文。[1] 另外，在刘锦棠主管南疆军务和行政事务时，也曾大量重印夏炘宣讲手册的译本，分发给当地官学和伯克。他还下令让伯克来负责向当地穆斯林宣讲圣谕十六条以及书中附带的法律知识。同时，官员严禁当地贵族和宗教领袖依据古兰经审判案件。新疆的每个刑案，无论涉及汉、满、蒙古或回民，都要通过国家司法体系依据《大清律例》判决。[2] 通过推广清律，弱化当地领袖之司法权，国家试图在新疆建立其法律权威和司法管辖，以增强其对这一新建的新疆省的控制力。

晚清新疆地方志中保存了许多宣讲圣谕和法律的记载，提供给我们新疆圣谕宣讲的详细情况。例如，在大部分人口是讲维吾尔语的穆斯林的和田绿洲洛浦县，清代官员在当地几个市集上设立了至少五个圣谕宣讲台。他们还安排当地熟悉汉语的马瓦里作为讲师，每月付给薪水。这些讲者上台对当地人宣讲圣谕和清律。讲座在当地赶集时进行，每七天举行一次。讲座用书是张曜让人翻译的维吾尔语的夏炘宣讲手册。官员还给来听圣谕宣讲并能解释大意的当地人发钱。为了使更多人接触到夏炘的手册，洛浦县的官员不仅免费发书

---

① 罗正均：《左宗棠年谱》，第 380 页。

② 曹尚亭编著《吐鲁番五千年》第 2 册，新疆大学出版社，2007，第 575 页；梁海峡：《近代新疆南疆司法制度研究》，第 47～53、64～65 页。

给讲者，还发给当地学校和头人。①

上述连山县和新疆省的两例，只是清代官员在边疆地区以圣谕宣讲形式向民众进行普及教育中的一小部分。有证据显示，官员为川藏交界的三齐地区的羌民、陕甘交界地区讲汉语的回民、贵州苗民、广西瑶民等都举办过类似宣讲。② 这些道德和法律教育对当地社区和文化的真正影响很难评估，现有多数证据来自清代官员，难免会体现他们的道德偏见与文化沙文主义。此类教育工程的效果极大依赖地方官的努力，以及当地百姓是否感兴趣。但基于现有史料的分析，我们可以总结得出，很多清代官员认同圣谕宣讲是通过展示儒家原则和法律信息来"改造"和"涵化"居民的重要手段。清代国家支持的道德法律的普及教育，通常伴随着帝国疆域的扩张和常设行政法律机构在边疆的建立，当地非汉人居民可以获得准确的法律知识。在一些地方，官员鼓励当地人诉诸公堂解决冲突，而不是向地方精英寻求调节或自行通过暴力解决。通过教给当地人法律，鼓励他们诉讼，官员意在建立国家司法权威。

五　普法的其他方式

清朝广大群众不仅可以通过参加圣谕宣讲获取法律知识，还可以通过其他几种由国家支持的渠道获取法律知识。

---

① 杨丕灼：《洛浦县乡土志》，1907 年序本，马大正等整理《新疆乡土志稿》，新疆人民出版社，2010，第 708～709 页。
② 《清实录》第 12 册，第 419～420 页；卷 310，第 115 页；卷 226，第 379～380 页；《钦定大清会典事例》卷 398，第 11b 页；周振鹤：《圣谕广训：集解与研究》，第 509、515～516、519～520 页；Lipman, "A Fierce and Brutal People," 101.

例如，根据 1737 年谕旨，百姓参加乡饮酒礼，在仪式后应当一同读律。死刑执行时，官员经常在宣读罪犯名字后说明其罪与罚，借此机会宣传法律，教育围观群众。①政府还频繁印刷和张贴告示，以推广新颁布的法律条文和地方规章，对民众易犯的律例条文加以解释。这种宣传文告在清代官箴书和地方档案中较为常见。

有的地方官甚至在圣谕宣讲之外发行了自创的法律教育资料。例如，1864 年，任盛京刑部侍郎的满洲官员志和出版的《大清刑律择要浅说》就是一本详细的法律普及宣传手册。正如志和在序言中所说，此书出版的目的是促进辖区内民众的法律教育。此书中志和与其他序的作者（大部分是同在盛京的官僚）都认同，很多百姓犯法是因为不懂法。他们触犯法网，如鸟兽落入猎人陷阱，皆是无知所致。②官员若不教育他们，不警告他们可能触犯的刑罚就严惩犯法者是极其不仁的。施仁政的官员不应在没有提供法律教育的前提下施加严刑。官员应当养民、教民，而非陷民于严刑峻法，因此在当地进行民众法律教育是官员的责任。

志和及其同僚也都承认，传播法律知识，即便是律典中正统的法律信息都隐含着风险。法律知识的传播可能使得当地百姓兴讼，加重州县司法负担，但他们相信，普法之益远胜损失。正如志和在该书"凡例"中所写。

---

① 《清实录》第 9 册，第 674 页；第 16 册，第 1020 页；第 20 册，第 794 ~ 795 页。

② 志和：《大清刑律择要浅说》，会文山房 1864 年本，杨一凡编《中国律学文献》第 4 辑第 4 册，第 351 页。

　　此编一出，恐健讼者更有以借口。愚意在上之判断
果无出入，又何虑健讼者之挟策而来哉？试思律例之
颁，煌煌宣示，欲使中外熟读而深思之耶？抑特为法家
秘本，欲陷人于不知耶？古人象魏之悬，月吉之告，又
何为而不虑及此也？夫一利一弊，相为倚伏，亦事之无
可如何者耳。因噎废食，非吾所知也。①

　　尽管存在使某些人滥用法律知识的风险，志和仍坚持认
为官员应支持法律教育，让百姓知晓法律与刑罚，他认为这
是治理百姓和爱惜民命的正确道路和诚实做法。

　　志和此书的法律内容和数量，符合他在序言中说明的普
法宣传目标。书中提供了笔者目前所见的宣讲手册中数量最
多的律例条文、最准确的律典文本及最明了的法律解释。志
和在书中列出了30条律、50条例，分为八类。

　　①犯上，包括3条律和5条例。此类规则涉及多种百姓
挑战官府权威、威胁国家安全的政治犯罪，如谋反、谋叛、
殴本府官、劫狱等。

　　②服制，包括7条律和6条例，均涉及危害家族尊卑等
级和父权秩序的犯罪。他特别强调子孙犯祖父母、父母和妻
犯夫，如詈骂、殴打祖父母、父母或其他亲属，妻妾殴夫，
子孙违反教令等。

　　③犯奸，包括4条律和5条例，涉及家庭、社会中违反
性秩序的性犯罪，如和奸、强奸。

①　志和：《大清刑律择要浅说》，杨一凡编《中国律学文献》第4辑第4
册，第374～375页。

④人命，包括 4 条律和 7 条例。志和特别强调谋杀、毒杀、斗杀、戏杀、误杀、杀一家三人和纵火的法律。

⑤赌博，包括赌博律和 5 条例。

⑥贼盗。这部分在志和书中篇幅最长，包括 7 条律和 14 条例。志和详细列出了有关各类贼盗的法律，如强盗、窃盗、盗马牛畜产、盗田野谷麦等。

⑦发冢。这部分篇幅最短，仅包含发冢律和 1 则条例。

⑧诬告。志和列出 4 条律和 7 条例，包括一些关于诬告和教唆词讼的主要律例。志和将这部分放在末尾，意在防范百姓健讼，尤其是在接受书中的普法教育后提起诬告。

书中提供的律例绝大多数来自律典的刑律部分。相较陈秉直和夏炘从户律、礼律中选择了不少律例条文，志和更重视刑律。此外，相比于陈秉直和夏炘在宣讲中更倾向于选择律文，志和选择的条例数量远多于律文，这意味着相对于法律原则，他更注重法律实践。志和书中的法律不仅是经过更新和贴近百姓的，更是准确而详细的，他尽量保留了律典中的律例原文。通过宣传法律，他意在减少犯罪和维护社会与政治秩序。

此书最突出的特点是，志和把每条律例都翻译成夹杂盛京方言的白话。志和宣称此书不是为官吏而作，而是为了村社中的男女与幼童，因此他选用粗俗俚语，行文多"婆子气"。①志和此书的翻译，准确生动、容易理解又贴近司法实践。每则律例，他首先引用节略的原文，然后附带白话翻

①　志和：《大清刑律择要浅说》，杨一凡编《中国律学文献》第 4 辑第 4 册，第 374 页。

译。他还解释了很多法律术语，生动说明了一些复杂概念。例如，志和详细说明了"刁奸"这个日常用语中很少用到的词："如把人家妇女引诱到别处通奸，或瞧见这个女人与人家通奸，他也想和这个女人通奸，女人不愿意，他就要把他的奸情嚷出来，女人无奈，只好与他通奸，这叫做刁奸。闹出事来，男女都是打一百板子。"①律典中未提供此词的释义，志和可能翻阅了一些法学著述或带术语注解的坊刻版律典。

志和还选择了一些法律意义与日常含义不同的词来加以解释，并提醒读者注意其中的不同。例如，对"谋反大逆"，律典原文并未解释何谓"谋反""谋逆"，志和却提供了详细生动的白话解释。

律上说的谋反，就是俗说的造反。凡造反不是必定如书上说的、戏上唱的，招军买马、称孤道寡才算造反呢。比方官征钱粮，你们争多争少，官来传人，你们不服拘拿，聚了些人到衙门去闹，官出来管，把官杀害了，官兵来拿，你们合兵打仗，或因相好的，或因亲戚打官司在狱，你们约些人去把狱打开，把官杀害，或立会名，兴起邪教、收徒弟，引得人多闹事，官兵来拿你们，你们合兵打仗，这就要照着造反问罪。②

① 志和：《大清刑律择要浅说》，杨一凡编《中国律学文献》第4辑第4册，第412页。
② 志和：《大清刑律择要浅说》，杨一凡编《中国律学文献》第4辑第4册，第380~381页。

剩下的条款，他以同样方式逐词解释。

志和还给文本加上了标点，帮助受教育程度有限的读者理解此书。每条律例释义的末尾，在叙述法律规定的刑罚后，志和通常以同样的话作结："你说可怕不可怕。"他希望当地百姓在听了基于此书所做的法律讲座后应当警醒、服从法律。尽管我没有看到志和书中的法律教育具体是如何在当地开展的文字记录，但他的倡议确实得到了盛京和奉天府一些官员的支持。志和及其他作序者表示，此书内容将通过刊印和口传渠道在当地民间社会流传。他们将发放此书给地方学校、城乡，让教师和地方绅士向当地百姓讲读。听过宣讲的百姓也可以口口相传。以此方式，当地百姓都能很好地知法、懂法。①

* * *

法律在清代国家支持的民众道德教化活动中发挥了重要作用。朝廷和官员认可并支持圣谕宣讲，宣讲通常能传递大量出自律典、相对准确的法律信息。官员还发布有关现行律法的布告，并通过其他形式的公开讲授和宣教来推进民众的法律教育。口头渠道是法律知识大众传播的主要方式，官员和讲师在宣讲中向听众宣读律例原文，有时还会添加一些对律例的通俗解释。因此，国家支持的法律宣讲意在兼顾对识字者和不识字者的法律教育。通过参加圣谕宣讲和其他公开宣讲，即便未受过多少教育的下层百姓也至少能掌握一些法律的基本含义和原则。官员不仅在内地举办圣谕宣讲，还在

① 志和：《大清刑律择要浅说》，杨一凡编《中国律学文献》第 4 辑第 4 册，第 352~353、357、361、365、370~371 页。

非汉人聚集的边疆地区举办圣谕和法律宣讲。

对民众进行法律教育的目标是让普通百姓知晓法律的基本原则和刑罚的严酷，使得他们有所畏惧，不敢为非作歹。统治精英一方面感受到了提供法律知识（即通过警告来劝人遵守道德和法律准则）的必要性，另一方面忧虑这些法律知识将助长民间的好讼之风。尽管有些官员不赞成对民众普法，但圣谕宣讲制度中的法律宣讲通常还是能够获得统治阶层的支持。很多官员认为对民众的法律教育利大于弊，指出仁政应当教育臣民知晓法律，这种教育将以严厉刑罚来警示百姓，使他们不敢犯法，从而保全性命。他们将法律教育看作控制社会和改善道德的工具，也是在边疆地区改变风俗和教化居民的手段。

限于材料，有关清代的通俗法律教育对法律文化有何具体影响等问题还不好回答，比如百姓如何理解从圣谕宣讲中获得的法律知识，并如何将这些知识用于实践。但是，正如我们能从前面章节中的杜怀亮案、林氏案及伪造坟墓等案中所见，法律知识确实能够强有力地影响人们的选择与行动。圣谕宣讲中法律讲座的主要内容是出自律典的简明律例。尽管官员教授这些的目的是用严厉刑罚来警示大众和告诫他们不要犯法，而不是让人们利用这些法律来进行诉讼，但百姓如何运用他们在圣谕宣讲中学到的法律知识，官员并不能够控制。毕竟，通晓法律的人就更倾向于诉诸公堂来解决问题。而且，百姓可将他们在圣谕宣讲中学到的律例知识与其他途径获知的更实用的法律和诉讼信息（如显著增强读者利用法律甚至滥用法律技能的讼师秘本）结合起来。国家支持的法律教育是普通民众获取准确权威法律知识的主要方式之一，尤其对于那些买不起书、读不了书的人来说更是如此。坊间印刷的法律书籍在社会上广泛传播，与清政府支持的法律宣讲，共同促进了大众对法律的理解和运用。凭借图书市场与国家支持的法律宣讲，清代百姓无论识字与否，都不难得知一些法律条文与法律知识。

结语：印刷术对法律制度
与法律文化的影响

　　印刷术被普遍认为是影响早期近代社会与文化的变革要素。尽管印刷革命对法律文化的影响还没能像其对宗教、政治及科技方面的影响那样引发学者关注，但近年来一些历史研究者已开始研究印刷对法律的影响，并发现印刷革命给早期近代法律世界带来了普遍而深远的变化。①以印刷革命对早期近代英国法律的影响为例。15 世纪之后，英国印刷革命使得法律类印刷品在数量上和种类上超过了手抄本。法律书籍的付印改变了律师和行政人员的受训方式，并导致了法学院口授教育方式（oral learning exercise）的衰退。那些从前只有少数专家才能知道的准确法律知识被更多受众获得。标准

---

① 关于印刷术作为变革要素，参见 Eisenstein, *The Printing Press.* 关于印刷革命法律文化的影响，参见 Baker, "The Books of the Common Law," 430 – 432；Baker, "English Law Books," 474 – 503；Prest, "Law Books," 791 – 806；Baloch, "Law Booksellers and Printers," 389 – 390；Harvey, *The Law Emprynted and Englysshed*, 169 – 170, 194 – 206, 234 – 239, 241 – 253；Henderson, "Legal Literature," 292 – 293.

化法律内容的传播促进了王权和标准化行政实践的扩张。印刷革命促进了现代判例观念的形成。印刷版法律书籍的作者通过对法律内容的编纂与重组造就了普通法秩序。对出版印刷的国家管控和行业规章也深刻影响了印刷术改变早期近代英国法律制度与文化的方式。①

印刷术的变革效果不限于近代早期欧洲。尽管清代法制体系与近代早期英国法律显著不同，但印刷革命给两个法律体系带来了很多相似变化。给中国带来变革的并非技术创新（大多数出版商仍然依赖木刻的旧技术），而是书籍发行量的增长、生产的便利和消费的热情。②从 1550 年代开始，中国商业印刷的繁荣极大地改变了法律信息的传播方式。印刷版法律书籍深刻影响了司法系统的运作、司法官员及幕友的培训、法律意识的发展和诉讼实践的演变。

法律知识的传播

印刷术无疑为近代早期中国法律信息的广泛传播做出了贡献。在商业印刷革命之前，国家在很大程度上垄断了法律书籍的出版，准确的法律信息主要在官僚机构内部传播。官僚机构之外的民众获得及时、准确法律信息的机会有限。随着 1550 年代商业出版兴起，书商出版更多法律书籍。虽然大多数坊刻法律书籍是给司法官吏和法律专家看的，但其中

---

① Harvey, *The Law Emprynted and Englysshed*, 1 – 8, 10 – 11, 69 – 90, 202 – 206, 241 – 244, 253; Henderson, "Legal Literature," 290 – 293; Ross, "The Commoning of the Common Law," 326; Baloch, "Law Booksellers and Printers," 390.

② Chow, *Publishing, Culture, and Power*, 1 – 89.

也有面向平民和非专业人士的。丰富的法律信息在社会上流传，如律例、则例、判例、律学注释、简略版的法律条文、朗朗上口的法律歌诀、诉讼文书模板等。书商经常刊登声明，说他们的书能让官府之外的读者获得及时、准确的法律信息。坊刻法律出版也使得一些从前作为幕友和讼师"枕中秘笈"的法律知识和诉讼技能向公众开放。总之，印刷革命促进了准确法律信息从国家到社会、从官员及法律专家到普通人的传播。①

相比早期近代英国，清代对法律书籍的监管更宽松，因而书籍市场更广阔、竞争更激烈，也更有活力。英国大多数法律出版商在伦敦，法律图书行业受到国家法律与行规的严格监管，法律书籍市场是一个小而专的利基市场（niche market）。②清代法律书籍的出版商遍及全国各地，不仅那些坐落在杭州、北京、上海等大城市的知名书商在出版，江西、福建等省一些乡镇不太知名的书坊也出版法律书籍。法律书籍通过广泛的图书销售网络和流动书贩来出售，因此在主要印刷中心之外的读者也能买到。清代法律书籍市场竞争激烈，其原因之一是针对法律书籍出版的国家法规和行业规范很少，书籍市场缺乏专利或版权观念，未经授权的转载翻印猖獗，同等价格的相似版本法律书籍在多家出版商同时出售。重印与竞争不仅体现了人们对《大清律例》等法律书籍的需求，还能降低法律书籍的价格以便读者购买。

---

① 印刷术也促使一些不准确或似是而非的法律信息流传，例如小说和戏曲中的法律，本书并未着重探讨，仍有待研究。相关研究参见 Hegel and Carlitz, *Writing and Law*, 189 – 260.

② Harvey, *The Law Emprynted and Englysshed*, 16 – 68, 73 – 75, 91, 127.

在早期近代英国，国家采用印刷技术向民众颁布、普及法律规范，尤其是制定法（statutes）。国家支持法律信息的传播，英国的人文主义者倡导法律的普及教育，认为法律知识是建立受过教育的知情的公民（an educated and informed citizenry）群体的基础。人文主义者认为作为法律信息传播手段的印刷术有助于社会公共利益的建设。但一些英国精英反对向民众传授法律知识，他们认为法律的大众化和庸俗化将不可避免地导致法律知识被误解和滥用，增加讼案和煽动诉讼，引发派系冲突，破坏政治统一。[①]清代精英对法律知识传播与民众法律教育持相似的矛盾态度。支持传播法律信息的人士一般认为，教导民众知法、懂法是施行仁政所必需的，知晓法律所规定的严厉刑罚将阻止人们犯罪，适当普法可减少无知犯法，因此法律知识的广泛传播将减少犯罪、维护伦理，有助于建设秩序良好的社会。这是国家通过每月两次的圣谕宣讲来促进民众法制教育的主要理由。但一些精英反对向大众普及法律知识，他们担心拥有法律知识的人更容易操纵法律规范、滥用法律体系。

法律知识传播诚为双刃剑。其对司法系统运转至关重要，许多官员和幕友搜集包括律典、则例、官箴书、约章等在内的法律书籍供司法决断时参考。相比没有律典的官员，拥有律典的官员更倾向于依法断案。印刷版法律书籍对司法审判有多重影响，也促进了清代法律教育。由于缺乏正式的法律教育体系，许多官员通过阅读法律书籍来自学。法律知

---

① Harvey, *The Law Emprynted and Englysshed*, 2, 107 – 122; Ross, "The Commoning of the Common Law," 329 – 386.

识的传播也塑造了公众的法律意识，由于在很多情况下人们有了法律知识便敢于诉诸公堂解决问题，给已经负担过重的司法系统又增加了案件数量。像谋杀犯杜怀亮、告状的林氏等人，就试图操纵法律知识、滥用法律制度来达到个人目的。

法律制度的变化

更为重要的是，印刷术不仅传播了法律相关的知识，还经由编辑和刊印过程显著改变了法律内容及其编排和表达的方式。英国出版商通过表格、目录、索引和交叉引用这些印刷领域创新对原本无序的普通法主要内容进行重新编排和系统化。这种印刷领域的重新编排及系统化给普通法带来了一些秩序，也促进了法律逻辑框架及适用原则的发展。法律书籍的印刷、发行，如年鉴、节略、普劳登的《判例报告》（Edmund Plowden's *Commentaries*）及爱德华·柯克的《判例报告》（Edward Coke's *Reports*）等，方便了法官和律师查阅旧案，给普通法制度的现代发展奠定了基础。①

与其在英国的作用相比，印刷革命更加显著地改变了中国法律规范的内容表达和组织方式。由于缺乏国家和行业管控，中国出版商比英国出版商享有更多改动、修订和重组法律资料的自由。商业出版者在出版律典时加入了新的内容，采用了新的格式。他们添加了大量包括私家注释和案例在内的国家尚未正式认可或颁布的信息。书商使用三栏版式，将

---

① Harvey, *The Law Emprynted and Englysshed*, 6, 202 - 206, 221；王志强：《中国法律史叙事中的"判例"》，《中国社会科学》2010 年第 5 期，第 144 页。

注释和案例与国家颁布的律例条文印在一起。这种新体例和内容从1790年代开始占领书籍市场，并对法律和司法实践产生了若干影响。

第一，坊刻版律典使读者更容易习得律学注释和判例。清代中央政府不正式公布案例，大部分案例保存在官府档案中，只在官僚机构的少数官员中传阅。而且由于编者认真整理了这些注释和案例，并将其随相关律例一起印出，读者读律时很好找到。

第二，坊刻版律典增强了注释和案例的权威性和可靠性。坊刻版律典中的注释和判例都是由名幕精挑细选，此类书籍也有高层司法官员的背书。坊刻版律典给读者留下的深刻印象是，这些精选的注释和案例获得了知名幕友和司法官员的肯定。

第三，易得性和可靠性均使得私家律学著述和案例在法律推理及司法实践中的潜在功效增加。正如我们所见，司法官员及其幕友在判案时经常参考私家注释和案例。注释和案例在清代司法实践中的作用越来越重要，并在一定程度上影响了立法，构成法源。

大多数坊刻版法律书籍的编者都是幕友。坊刻版法律书籍的日益流行和权威性的增强，一方面反映了这些非官员身份的法律专家在清代司法体系中的势力上升，幕友通常充当事实上的法官，起草法律文书，为州县和省级案件判决提出建议。官员承认幕友的法律专长，司法系统运作依赖幕友的专业知识技能。因此名幕之著作被视为权威可靠的指南，甚至是司法机构从业人员的准则。另外，商业出版行业也为幕友提供了宣传自己是法律专家的机会，其作品的出版发行，如坊刻版律例，进一步增强了刑名幕友的权威性。

在文学领域，晚明的商业印刷革新对文化生产影响很大。书籍市场的扩大提升了专业文士的公众影响，使得他们可以树立文学品位的风向，在科举考试中挑战官员审定文学品位的权威，因此出版业的繁荣促成了晚明文学公共领域新权威的建立。① 在清代法律领域，商业出版和幕友的入场也产生了类似影响。商业编者并未公开（也许并非刻意）挑战国家法律权威，他们经常宣称著书目标是使国法对读者更易得、易懂和便于使用。但他们在编辑、注释和重新编排法律规范及其他法律信息的过程中，对什么是法律以及法律在实践中应如何适用进行了重新定义。坊刻法律书籍影响了法律推理和法律解释，从而导致司法裁断和判决发生变化。在坊刻版律典中，尽管私家律学注释和判例并未直接挑战钦定律例的权威性，但它们给读者带来了新的法律解释内容和新的法律适用方式，这可能在很大程度上影响了官员在判决案件时对律例的选择。虽然清代是否存在法律公共领域（legal public sphere）尚且存疑，因为司法官僚机构受朝廷严格控制，在法律体系中履职的官员和幕友，与其他能培育公共领域（public sphere）和市民社会（civil society）的早期近代社会中的相应角色相比，其灵活性更差。但书籍市场确实为幕友提供了平台，由此他们可以传播自己的法律观点，从而挑战国家解释和适用法律的权威。

商业印刷不仅改变了专业人士所用的法律，也改变了公众对法律体系的看法和参与程度。在官员看来，百姓应该知

---

① Chow, *Publishing, Culture, and Power*, 1 - 2, 189 - 240.

道法律的基本原则，但实际上不应该利用法律知识进行诉讼。国家将法律知识视为道德教化工具，用以震慑百姓、防止其犯罪。官颁律法中充斥的对犯罪和严刑的描述确实令人望而生畏，但通俗法律读本使法律规范和法律体系更接近平民日常生活。通俗法律读本成功将复杂法规转化为简单的歌诀，将法律知识与诉讼技巧相结合，填补了刑事规范及刑罚与民事讼案之间的裂隙。这些书籍中的法律规范和法律体系已不再限于国家维持秩序和控制社会的恐吓手段，反而成为人人可用的工具。

行业规制与国家管控

早期近代英国和清朝在印刷法律书籍方面最显著的区别在于如何规范出版行业。英国法律书籍的出版由国家直接有效控制，但清朝没有对法律出版行业进行有效的管控。英国政府不但确保国王特许印刷者（King's printer）享有颁印法令和布告的专有出版权，还允许伦敦一家印刷厂垄断普通法的印刷，即享有普通法专利（the common law patent）。国家通过限定出版法律类书籍的印刷商来确保法律内容的一致性和可靠性。除国家外，伦敦印刷商的贸易机构——书籍出版业公会（the Stationer's Company）——也为法律出版商制定规则来保护行业及其成员的利益。因此，英国法律印刷同时受到内容监管（即什么内容可以印刷）和行业监管（即出版商如何进行商业运作）的约束。这些规定在 1680 年代前基本有效，所以早期近代英国的法律书籍出版业受到很好的控制，并实现了符合国家利益的规范化。特别是对于制定法印刷与传播的严格管制，有利于王权的扩张和推行行政、司法领域的标准化。① 但对法律印刷商的严格国家管控与商业垄断惯例排除良性竞争，抑制创造，阻碍了法律出版业的进一步发展。垄断拉高了图书价格，延续了过时书籍的寿命，使得17、18世纪出版新法律书籍变得难上加难。直到1780年代，出版行业普通法专利的效力减退，英国法律书籍市场才开始繁盛。②

相比之下，清朝从政府到商业行会都没能对法律出版业建立起有效控制。政府并未建立与商业出版者的密切合作，也未对书籍市场实施严格的系统监管。政府主要通过两个渠道管控法律出版物——武英殿出版和书籍禁令。武英殿是官颁律典和其他法律书籍的主要出版方。殿版象征帝国司法权威，承担着在全国颁布和传播标准法律内容的任务。但武英殿从未垄断全国的法律书籍印刷。清代没有法律出版的独家制或专利制。出版商编辑、印刷或再版法律书籍皆无须国家许可。此外，武英殿在出版上效率低下，不能提供充分的法律知识，其法律书籍的版本也不受读者青睐。尽管清朝没有制度化的审查制度，但政府有时会对危险的、违背国家利益的书籍下达禁令。唯一被政府极力禁止的法律书籍是讼师秘本。1742年实施的禁令虽在乾隆朝贯彻得不错，但进入19世纪后其效力大幅度下降。总之，无论是武英殿还是书籍禁令都不是规范法律出版行业的有效手段。清朝并未发展出一套长效监管体系来控制法律知识的印刷与传播。

---

① 书籍出版业公会的管控很可能比国家对法律书籍印刷的管控更有效。
参见 Harvey, *The Law Emprynted and Englysshed*, 11–12, 16–68.
② Baloch, "Law Booksellers and Printers," 389–421.

清代法律文化的再审视

研究者通常把 20 世纪初清朝律学家试图以西方模式改革中国传统法制的晚清法律改革看作中国法律近代化的起点，然而对法律出版和法律知识传播的考察表明，在引进西方法律之前，清代法律制度和法律文化已然发生巨变。事实上，这些清朝法制变化中蕴含了某些早期近代的特征。

第一，准确而及时的法律知识通过书面和口头两种渠道广泛传播。相比明朝，清朝人更容易获得准确的法律信息，很多人熟知法律。法律知识的传播培养了公众的法律意识，鼓励人们利用法律系统来解决问题。

第二，非官方法律专家即幕友的权威性上升。清代刑名幕友作为法律专家，训练有素，在司法体系的运作和法律书籍出版两方面同时发挥重要作用。他们是大多数坊刻法律书籍的编者，通过编辑和出版法律书籍而树立起口碑和权威，在一定程度上挑战了帝国政府在法律信息出版传播方面的权威地位。在律典的商业出版史上，至 18 世纪末，江南的刑名幕友群体便就如何编纂不同于官方版律典的法律内容达成了共识。他们打造了以专业技能谋生的法律专家身份，并相信他们的工作对国家和社会有益。因此，幕友在从事法律工作的同时还生产及传播法律知识，他们协助改造了法律体系，可被看成是中国早期近代法律职业人的先驱。

第三，政府对法律知识和司法实践的控制减弱。清朝没能成功建立制度约束幕友，国家也并未认真尝试去规范权威法律知识的出版和流通。幕友和书商提供了大部分法律信息，其中大部分内容即便没有官方授权，也被看成是可靠的。政府主要依赖图书市场来为其官员提供新版律典和其他法律书籍。政府对权威的法律文本也不再享有独家控制。幕友和书商在坊刻版律典中加入了他们对法律规范含义及其在实践中如何适用的理解，这反过来使得政府在解释法律和司法审判中的权威地位受到挑战。坊刻版律典中的私家注释和判例通常包含司法实践的律例更新，使法律规范更适应社会变化和经济变化。

第四，案例在司法实践中的重要性增加。坊刻版律典的盛行，为近些年来有关清代法律性质的争论提供了新线索。清代法律体系被视为以国家颁布律例为主导的典型成文法体系。但近年来，一些中国法律史学者开始质疑这个论断。法律史学者考察判例在司法实践中的运用，发现判例深刻影响了法律推理和司法判决。除成文法外，清代法律体系还具有与早期近代英国、法国判例法相似的传统。[1] 1780 年代后出版的坊刻版律典中几乎都包含大量案例，这清楚表明判例对司法官员和幕友的重要意义。仅包含律例条文的殿版律典不受读者青睐。因此，坊刻版律典的历史说明清代法律体系不应被视为纯粹的成文法体系，相反，在一定程度上它可以被视为是成文法、判例法相结合的混合系统。坊刻版律典和案例汇编增加了案例的流通性和易得性，从而为实践中案例的应用奠定了基础。

总之，清代政府对法律信息的流动控制有限。法律具有灵活性，在很多情况下并非仅是高级官员的设计，而在书商、幕友和民众的解释、适用、评注及先例中得到调整。司法体

---

[1] 王志强：《清代成案的效力和其运用中的论证方式——以〈刑案汇览〉为中心》，《法学研究》2003 年第 3 期，第 158～160 页；Wang Zhiqiang, "Case Precedent in Qing China," 323–344.

系依靠书籍市场发布及时信息，幕友和书商在法律体系中获得相当大的势力与权威。商业法律出版物在一定程度上挑战了国家的司法权威，培养了公众的法律意识。最终，官员和民众有赖坊刻书籍和普法宣讲，能够方便获得准确的法律知识。相比于既往研究的论断，本书认为出版业革命的成果是清朝法律体系要更去中心化而少专断性，更灵活也更商业化。

* * *

本书开始于农民杜怀亮的故事，此人杀死了自己的妻子和他情妇的丈夫，并伪造他们"通奸"的现场，声称自己是在捉奸现场杀死了他们。他显然是充分了解"杀死奸夫"律的，才以为能以这种方法杀死两人并逃避法律的制裁。但他又是如何得知"杀死奸夫"律的呢？本书的研究展示了清代官民如何获取法律知识、法律知识的商业化如何改变司法系统，以及法律知识的大众传播如何影响地方层面的诉讼实践。我们已经看到了法律知识的传播类型与法律信息对地方社会的影响。最后，我想回到开头的案例中，探求促成这本书写作的那个问题：一个山东农民是如何熟知一项他认为能使其免责于杀妻罪行的特定法律条文的？

杜怀亮的情况其实并非个例，在清代司法档案和案例汇编中记载了很多有关"杀死奸夫"律例的案件。《刑案汇览》中至少有 146 个案子被归入"杀死奸夫"门类。[1]例如，

---

① "杀死奸夫"律（第 285 条）全文分成两个部分。前一部分是"杀死奸夫"，情节正如我们在杜怀亮谋杀案中所见；后一部分则是关于妻妾与人通奸而谋杀丈夫的。这里笔者只统计与前一类直接相关的案例。参见祝庆祺等编《刑案汇览三编》，北京古籍出版社，2004，第 31 ~ 36 页；Jones, *The Great Qing Code*, 271.

1789 年的一份案卷中记载，欧美成得知他的妾与他侄子有奸情。某天他躲在床底，抓见二人行奸，但两人趁欧美成之妻和邻居前来劝解时设法逃走了。次日，欧美成捉住该妾，捆起来拖到侄子家，又捉住侄儿，将两人绑在一起推下河，把他们淹死了。1799 年的一个案例则是，丈夫在妻子与奸夫行奸时捉住二人，登时杀死了奸夫，他妻子虽然逃了，但被捉回。丈夫把她拖回屋里，捆绑杀害。①

　　相比那些制定已久、广为人知的法令，"杀死奸夫"律相对较新。在清律大量继承的唐律条文中，并没有免除丈夫杀死奸夫的刑责。女真建立的金朝的一个判例中提到，有个杀死奸夫的平民原本被判死刑，皇帝却将他赦免，以警告通奸者。这表明，金朝的正式法律中仍然规定了处死杀死奸夫的丈夫，但统治者的态度已经有所动摇。在元朝，"杀死奸夫"条正式纳入法典。②此律在明清得到扩展，更详细实用。明清"杀死奸夫"律都强调丈夫杀死奸妇、奸夫完全免责的三个标准：第一，将奸妇、奸夫一并杀死，而非只杀死一个；第二，必须是奸所获奸；第三，必须登时杀死。如不满足上述三个条件，则会受到处罚。③ 虽然这条律文相对较新，而且成立条件复杂，但清代案卷显示，"杀死奸夫"案件中人（多数是平民）对此律非常了解。他们不仅知道丈夫有权杀死奸妇和奸夫而不被处罚，还通常知道一两个（或全部）免责条件。这些法律知识是如何传播的？人们又是怎么知道

　　① 祝庆祺等编《刑案汇览三编》，第 882、896 页。
　　② 陈战彪：《清代"杀死奸夫"的立法及司法实践》，《法制与社会》2013 年第 8 期，第 7 页。
　　③ Jiang, *The Great Ming Code*, 171；Jones, *The Great Qing Code*, 271.

丈夫杀了奸夫、奸妇能无罪释放的？

　　人们要了解"杀死奸夫"法律，很难从"杀人偿命"等广为人知的法律原则中推导出来。事实上，"杀死奸夫"这一规定并不寻常，其与中华帝国晚期一些重要法律原则并不相容。处决罪犯的权力通常由国家掌控，清朝大多数死刑要由皇帝最终批准，而"杀死奸夫"律却反常地允许丈夫在不经国家许可的情况下杀人。此外，通奸罪不至死，其法定刑只有杖八十或杖九十。依律，擅杀应死罪人者杖一百。因此，正如一些清代律学家所认为的，被杀死的奸妇、奸夫依律仅是轻罪，而法律却彻底免除丈夫杀奸的刑责，这并不合理。①

　　既然从其他众所周知的法律原则中推导不出"杀死奸夫"律里的知识，那么清朝人就一定还有其他渠道获知该律的具体信息。通俗法律读物的印刷出版是识字者获取法律知识的一个重要渠道，版本多样的通俗法律读本通过缩略、问答、抄录律例、案例样本等不同方式提及"杀死奸夫"律。例如，晚明颇有影响并在清代仍在出版和流传的《新锲萧曹遗笔》（1595），其中就有"杀奸妇、奸夫勿论"这样一条缩略版法规。②相比明版，清版通俗法律读本中通常包含更详细的法律论述。八卷版的《惊天雷》引用了"杀死奸夫"整条规定，在"奸情类"的"补上律例"部分中记述，"凡妻妾与人通奸，夫于奸所亲获奸夫、奸妇，登时杀死，勿论。若止杀死奸夫者，奸妇以和奸律断罪，入官

---

　　① 沈家本：《寄簃文存》卷2，第21b~22a页。
　　② 竹林浪叟：《新锲萧曹遗笔》卷4，第30a页。

为奴"，① 把法律知识介绍得相对全面而准确。

在不少通俗法律读本中都能找到的"八律科罪问答"，其中也有对"杀死奸夫"律的有趣假设和讨论。

> 问曰：如妻妾与人通奸，除亲夫外，其余亲属在奸所杀死奸夫、奸妇者，何断？
>
> 答曰：但问同居有服之亲，俱许捉奸，故律文原不开载"亲夫"二字。②

这组问答探讨了一个"杀死奸夫"律没有明确规定的情况，隐含之意是丈夫既然能捉奸并杀死奸妇、奸夫，丈夫的近亲属也当然享有同样特权。事实上，清律中一则"杀死奸夫"条例确实是允许夫之近亲属捉奸、杀奸且不必偿命，但与丈夫不同的是，他们还是要受到杖一百、徒三年的处罚。③

《惊天雷》《透胆寒》等通俗法律读本，多包含了关于"杀死奸夫"律的讼案样本，其中的情节通常活灵活现，戏剧性地展示了法律如何用于实践。这些样本案例不但包含了丰富的信息，而且读来富有趣味。例如《透胆寒》中一个案例名为"弟命惨冤告"。此案"亲夫将奸夫杀死，次日复将其妻杀死，死不同时，杀不一处"。原告在指控中声称，当地一个恶棍因为细故纠纷，长期衔恨原告的弟弟。某天，原

---

① 孙家红、龚汝富编《明清讼师秘本八种汇刊》，杨一凡主编《历代珍稀司法文献》第 11 册，第 286 页。
② 孙家红、龚汝富编《明清讼师秘本八种汇刊》，杨一凡主编《历代珍稀司法文献》第 11 册，第 233 页。
③ 《大清律例》（1999），第 424～425 页。

告的弟弟被恶棍残杀，脑袋被砍掉了。三天后，恶棍为了被免罪释放，杀死了自己的妻子，并声称妻子与原告的弟弟通奸。原告在控诉中明确指出这种情况有悖律法："律云按其奸杀，岂以此杀不必其同床？"

指控归结为，即便恶棍妻子被杀死于原告弟弟被杀之处，也不成立"按律"杀奸，因为二人没有奸情。指控最后称，这场杀戮是谋杀，而非"杀死奸夫"，主要证据是两名死者在不同场所、不同时间被杀。但被告反诉中提供的故事版本大有不同，辩称是在家中捉到二人正在行奸，怒不可遏而当即杀死奸夫，妻子却趁机逃跑，等第二天她回到家才把她杀了。① 此案中提供了包括三个免责条件在内的"杀死奸夫"律的详细信息。通过对戏剧化情节的绘声绘色叙述，案例样本提醒读者，丈夫如果没有登时在奸所杀死奸夫、奸妇二人，走诉讼程序的结果是可能会被指控为谋杀。这故事也隐含了潜在法律漏洞的一些线索：谋杀他人者，可能再杀自己妻子，然后宣称杀死二人是因为捉奸，则有机会得到免责。

关于"杀死奸夫"律的信息也通过通俗文学在清代社会中传播。公案小说中有些故事真实再现了法律。例如晚明公案小说《皇明诸司公案》中有篇名为"陈巡按准杀奸夫"的故事。故事中，詹升与杨宠从小交好，他俩都家境富裕，但杨宠沉溺嫖赌，很少在家中逗留。詹升趁机勾引杨妻，杨妻起初拒绝，但妒恨丈夫经常去嫖妓，最终还是同意了。此

---

① 湘间补相子：《新镌法家透胆寒》卷 4，第 4b～5a 页，东京大学图书馆藏，孙家红、龚汝富编《明清讼师秘本八种汇刊》，杨一凡主编《历代珍稀司法文献》第 11 册，第 121～122 页。

后，每当杨宠外宿，詹升就与杨妻同床。后来，杨母发现奸情，告诉杨宠，杨宠大怒，打算将妻子和奸夫都杀了。

杨宠跟父母讨论后，他假言自己要进城去卖个婢女，然后持刀躲在床底等候，杨宠的父母、叔伯等也在外间隐匿等候。当晚，詹升又来与杨妻同房，当他们同床共枕、拥抱交谈时，杨宠跳出来杀掉了詹升。杨妻惊恐，跪求杨宠饶命。杨宠刚杀掉一人，见妻子求饶，心有不忍，但他叔叔催促他下手："可速杀此淫妇，不然你须自偿詹贼命也。"杨宠迫于无奈，喝酒壮胆，砍了妻子的脑袋。第二天早晨，杨宠带上两个人头，赴衙门告状。

> 状告为义诛奸淫事：律内一款，凡奸夫、奸妇，亲夫于奸所捉获，登时杀死，勿论。淫豪詹升，与宠妻李氏私通有年，里邻知悉。今月初三夜，亲于床上裸裎捉获，一时义激，已行并诛，二头割在，尸尚在房。理合告明，勘验立案，以杜淫风，以正纲常。上告。[①]

数日后，詹升之父到衙门反诉，哭喊儿子死得冤，声称杨宠在当地惯赌凶顽，詹升借给杨宠八十两银子，杨宠不还，詹升催债，杨宠怀恨在心，当晚詹升又来催要，被杨宠连同失宠丑妻一起杀死，佯装二人是被捉奸而杀。官员经过彻查，认定杨宠说的是实话，于是根据"杀死奸夫"律给杨宠的杀人行为开脱。这个戏剧性的故事不仅包含了爱情、

---

① 余象斗：《皇明诸司公案》，三台馆万历年间刻本，刘世德等：《古本小说丛刊》第 6 辑第 4 册，中华书局 1990 年影印本，第 1785 ~ 1785 页。

性、金钱、暴力等吸引读者的要素，更传达了真正的法律知识，详细提供了杀害奸夫、奸妇的起因、场景和后果，以及控诉与反诉的例子。《皇明诸司公案》中的案例故事明显跨越了两个文类——讼师秘本和公案小说。

清代民间社会流传的"讼师恶报"故事也传达了"杀死奸夫"法律的详细信息。民俗学者祁连休搜集了十多个不同版本的此类故事。他的研究表明，此类故事通过文本和口头传播两个渠道，在帝国晚期和近代中国的江苏、湖南等地的民间社会中广泛流传。①其中一个版本是，一农夫某晚醉酒回家，撞见妻子和另一个男人行奸，农夫愤而杀妻，但奸夫设法逃走。农夫酒醒后开始后悔，并考虑可能后果："我未获登徒子，杀妻无证，不将按律以偿命乎？"他惶恐地找到讼师杨某，杨某很快给他制定了一个计划，让他立刻回家，不关门，在屋里点上灯（根据当地习俗，这是主人欢迎旅人过路歇脚之意），等有人进来，赶快杀掉，并声称此谓奸夫。农夫听了杨某建议，天亮前果然有人进到屋里，马上就被农夫杀掉。农夫杀人后去了杨某家，让杨某帮他向衙门报案，杨某来到农夫家，检查尸体，却突然发现被杀者是杨某仅有的儿子。原来杨某儿子是名客商，与农民素不相识，当儿子回家看望父母途中，被遵循父亲杨某毒计的农夫杀死了。最后，杨某"哀号而绝"，县令捉到真正奸夫，对农夫加以笞责后释放。②

故事的主题是恶有恶报，杨某丧子是因为他出了毒计。

---

① 祁连休：《中国古代民间故事类型研究》，河北教育出版社，2007，第1165～1170页。

② 徐珂编撰《清稗类钞》，中华书局，1984，第1192～1193页。

而叙事中也生动展示了"杀死奸夫"法律如何在民间被理解和运用。故事也包含了不少阴暗面。如果某人因为某种原因杀死妻子，他可以再杀掉某个男子，并声称是捉奸而杀死二人，那么他就有可能利用"杀死奸夫"律而免除责罚。类似的讲到"杀死奸夫"律中漏洞的民间故事还有一些。例如《清稗类钞》中记载的一则故事。有人酒后切肉，妻子来戏，他假意把刀架在她脖子上，却失手杀了她。此人大惊，问计于狡诈的讼师，讼师说："汝邻人王大奎者，狂且也，可诱之至家刃之，与若妻尸同置于地，提二人之头颅而诣官自首，则以奸而毙妻，无大罪也。"①此故事中包含的法律信息是危险的——它提醒读者如何利用"杀死奸夫"律中的漏洞，与前述"讼师恶报"故事相比更缺乏道德约束，丈夫和讼师都没有受到法律处罚或遭到报应。这些故事简明易懂、引人关注、信息量大。即便是不识字的农民，当他们听到这类故事，也能理解"杀死奸夫"律的基本原理。

圣谕宣讲也传授了"杀死奸夫"律，进一步促进了清代地方社会上法律知识的口头传播。例如夏炘的《圣谕十六条附律易解》是晚清广为使用并获得国家认可的圣谕讲解手册，其中"讲法律以儆顽愚"一章中，夏炘着重教导人们的是有关和奸、强奸、杀人和抢劫的律例与刑罚，"杀死奸夫"便是这一讲中所教授的法律之一，内中写道："凡本夫于奸所登时杀死奸夫奸妇者勿论。"②虽然这明显简化了法条，但宣讲仍传达了清晰明了和相对准确的法律信息，确定地指出

---

① 徐珂编撰《清稗类钞》，第 1195 页。
② 夏炘：《圣谕十六条附律易解》，杨一凡编《中国律学文献》第 4 辑第
　 4 册，第 594 页。

了免责的三个先决条件，即"杀死奸夫奸妇""奸所""登时"。当根据此手册进行圣谕宣讲时，讲者会向听众大声朗读法规，即便听者不识字，仍然可以获知一些基本的法律知识。

在国家举办的圣谕宣讲中宣传"杀死奸夫"律，目的是令百姓心存畏惧、不敢犯通奸之罪，从而维护家庭关系和社会秩序。但实践中"杀死奸夫"律的广泛传播，不仅没有促进社会秩序的稳定，反而常常被人滥用而破坏家庭和社会的和谐。晚清律学家沈家本关注"杀死奸夫"法律知识的普遍流传及其对人们行动和决策的深刻影响，继而导致对家庭和谐和社会稳定构成重大威胁。他这样写道：

> 世俗更有杀奸杀双之说，于是既杀奸夫者，必杀奸妇。往往初意捉奸，不过殴打泄忿，迨奸夫毙命，即不得不并奸妇而杀之。奸妇即跪地哀求，矢誓悔过，在本夫初未尝有杀之之心，而竟有不得不杀之势。更有因他事杀人，并杀妻以求免罪者。自此例行，而世之死于非命者，不知凡几，其冤死者亦比比也。①

沈家本严厉批评此条法律，强调其破坏性影响，认为此法非但无益于维护社会秩序和家庭和谐，反而被广泛滥用而威胁正常的家庭关系，它鼓励丈夫杀死妻子，并给出一个杀人犯能利用来获得无罪释放的法律漏洞。此外，他观察到通奸证据往往暧昧，"杀死奸夫"类案件中经常存在故意编造

---

① 沈家本：《寄簃文存》卷 2，第 23a 页。

的成分和情节。他指出："乡愚无知，方以自豪，是人人有杀人之权矣。"①

在杜怀亮谋杀案中，杜怀亮并非邻里中唯一知晓法律的人。杜怀亮杀死其妻子和他情人的丈夫后，告诉了他父亲和住在隔壁的族侄。族侄得知杜怀亮杀了所谓的"奸夫"后还安慰他说："既是来奸你媳妇子，杀了不妨，明日往县里禀报去。"②虽然案卷中没提供他们是从哪里获得、如何获得法律知识的更多信息，但我们从其他来源可以知道，关于"杀死奸夫"律的信息通过各种渠道广泛传播，如不同版本的律典、通俗法律读本、通俗小说、民间故事和圣谕宣讲。由于法律信息可同时通过文字和口头两个渠道传播，像杀人犯杜怀亮这样的人，无论识不识字，都可以获得。关于"杀死奸夫"律的知识既有力量也很危险，强烈地影响了人们的行动和决策。杜怀亮基于对法律的了解，制定了"完美"的杀人计划，结果却悲剧收场，导致三人丧生：杜怀亮之妻、陈文现被残杀，杜怀亮本人被处斩。

杜怀亮谋杀案及本书提到的很多不同案例，使我们重新思考谁有权界定和使用中华帝国晚期的法律。在官员看来，普及法律知识的主要目的是阻止人们犯罪。官员希望人们了解"杀死奸夫"律后不敢通奸。但通俗法律读本和民间故事里的法律条文和法律知识通常被看成工具。在讼案样本和故事中，涉及"杀死奸夫"律信息的常见形式通常把重心放在人们如何钻法律空子来达到自己的目的上，而非灌输恐惧。

---

① 沈家本：《寄簃文存》卷2，第22b页。
② 图纳：《题为禀报事》，中国第一历史档案馆，内阁题本刑法类，康熙三十五年五月十七日；Hegel, *True Crimes*, 82.

在杜怀亮谋杀案中，民间对于"杀死奸夫"律的看法对杜怀亮的影响明显大于官方态度。虽然杜怀亮明知通奸的风险，但他仍然敢与陈李氏通奸。事实上，他利用自己的法律知识来为自己的越轨行为和暴力犯罪寻求免责。"杀死奸夫"律以各种媒介的生动流传，说明清朝并未控制或者也无法控制那些相对准确法律信息的大众传播，国家也未能有效塑造百姓对法律的看法和使用方式。从"杀死奸夫"律的例子来看，法律信息以文本、口头渠道在民间广泛传播的过程中，法律规定与法律知识的含义和用途发生了根本转变。

参考文献

清律及律学资料

《大清律笺释》，李楠增订，蔡方炳校对，1689。

《大清律笺释合钞》，钱之青、陆凤来编校，遵道堂 1705 年版。

《大清律集解附例》，出版者不详，1670。

《大清律集解附例》，武英殿 1725 年版。

《大清律续纂条例》，武英殿 1743 年版。

《大清律朱注广汇全书》，琉璃厂 1662、1722 年版。

《大清律例》，武英殿 1740、1768、1790、1825、1870 年版。

《大清律例》，田涛、郑秦点校，法律出版社，1999。

《大清律例》，景印文渊阁四库全书，台湾商务印书馆，1983。

《大清律例重订会通新纂》，第七所官房 1829、1841 年版。

《大清律例重订统纂集成》，胡肇楷、周孟邻纂修，唐勋等重
订，1813、1815。

《大清律例重订统纂集成》，王又槐、赵佐文纂修，1814。

《大清律例重订统纂集成》，姚观、程英等重订，杭州务本堂
1823 年版。

《大清律例汇辑便览》，湖北谳局编，1872。

《大清律例汇辑便览》，浙杭读律山馆 1877、1885 年版。

《大清律例汇辑便览》，北京善成堂 1888 年版。

《大清律例汇辑便览》，北京宏道堂 1898 年版。

《大清律例汇辑便览》，出版者不详，1877、1892、1903。

《大清律例会通新纂》，姚观原纂，胡璋增辑，第七所官房 1873 年版。

《大清律例会通新纂》，文海出版社 1987 年影印本。

《大清律例会通新纂》，出版者不详，1870、1875。

《大清律例汇纂》，沈书成等纂修，1792。

《大清律例汇纂》，王又槐续辑，1793。

《大清律例汇纂大成》，出版者不详，1898、1903。

《大清律例集要新编》，孙肇基、王维树增修，1819、1821。

《大清律例集注》，万维翰、滕京山纂修，苏州芸晖堂 1769 年版。

《大清律例集注》，万维翰、誊京山纂修，胡钤、王又槐增 订，苏州芸晖堂 1784 年版。

《大清律例全纂》，姚观等纂修，杭州铭心堂 1796、1798 年版。

《大清律例全纂集成》，李观澜编，王又槐、孙光烈重订，杭 州友益斋 1799、1801 年版。

《大清律例全纂集成汇注》，王又槐等纂修，苏州写韵楼 1803 年版。

《大清律例全纂集成汇注》，杭州友益斋 1804 年版。

《大清律例通纂》，胡肇楷、周孟邻纂修，杭州友益斋 1807 年版。

《大清律例通纂》，出版者不详，1805、1816。

《大清律例统纂集成》，胡肇楷、周孟邻纂修，岑峰书院
　　1817 年版。

《大清律例统纂集成》，王又槐校对，出版者不详，1871。

《大清律例统纂集成》，陈俊生等增修，出版者不详，1829。

《大清律例新修统纂集成》，姚润纂修，杭州三余堂 1826
　　年版。

《大清律例刑案统纂集成》，姚润纂修，胡璋等重编，南京致
　　和堂 1855 年版。

《大清律例刑案统纂集成》，杭州三善堂 1859 年版。

《大清律例刑案统纂集成》，出版者不详，1846、1855。

《大清律例刑案新纂集成》，姚润原纂，胡璋等增辑，1871。

《大清律例增修汇纂大成》，出版者不详，1864、1898、1903。

《大清律例增修统纂集成》，姚润纂修，陆翰仙增修，杭州三
　　余堂 1832、1833 年版。

《大清律例增修统纂集成》，章钺、沈嘉树重编，杭州同文堂
　　1843 年版。

《大清律例增修统纂集成》，任彭年重辑，杭州清来堂 1871、
　　1875、1894 年版。

《大清律例增修统纂集成》，姚润原纂，胡璋增辑，琉璃厂
　　1864、1872 年版。

《大清律例增修统纂集成》，陶骏、陶念霖增修，杭州聚文堂
　　1878、1890、1898、1907 年版。

《大清律例增修统纂集成》，上海扫叶山房 1878 年版。

《大清律例增修统纂集成》，上海艺珍书局 1891 年版。

《大清律例增修统纂集成》，上海文渊山房 1896、1899、1904、
　　1906、1908 年版。

《大清律例增修统纂集成》，出版者不详，1862、1894、1898、
    1901。

《大清律例朱注广汇全书》，万古斋主人辑注，南京听松楼
    1706 年版。

沈之奇：《大清律辑注》，1715。

沈之奇：《大清律辑注》，洪弘绪增订，1745。

沈之奇：《大清律辑注》，李俊、怀效锋点校，法律出版
    社，2000。

王肯堂：《律例笺释》，顾鼎重编，1691 年序本。

王明德：《读律佩觽》，何勤华等点校，法律出版社，2000。

Jiang, Yonglin, trans. *The Great Ming Code.* Seattle：University
    of Washington Press, 2005.

Jones, William C. , trans. *The Great Qing Code.* Oxford：Oxford
    University Press, 1994.

其他资料

包世臣：《安吴四种》，1872 年序本。

陈秉直、魏象枢：《上谕合律乡约全书》，1679 年本，一凡
    藏书馆文献编委会编《古代乡约及乡治法律文献十种》
    第 1 册，黑龙江人民出版社 2005 年影印本。

《点石斋画报》，广东人民出版社，1983。

《法家惊天雷》，出版者不详，1644～1911。

冯梦龙编《醒世恒言》，华夏出版社，1998。

《官箴书集成》，黄山书社 1997 年影印本。

贺长龄编《皇朝经世文编》，文海出版社 1966 年影印本。

金埴：《不下带编》，王湜华点校，中华书局，1982。

昆冈：《钦定大清会典事例》，商务印书馆 1908 年影印本。

李来章：《连阳八排风土记》，成文出版社 1976 年影印本。

李来章：《圣谕宣讲条约》，连山县衙 1705 年版。

李珍编《本朝题驳公案》，北京荣锦堂 1720 年版。

李珍编《定例全编》，北京荣锦堂 1715 年版。

梁懋修辑《定例续编》，北京荣锦堂 1745 年版。

穆翰：《明刑管见录》，1847 年序本。

《钦定六部处分则例》，文海出版社 1973 年影印本。

《清实录》，中华书局，1985。

申时行、赵用贤编《大明会典》，1587。

沈家本：《寄簃文存》，台湾商务印书馆，1976。

苏轼：《苏东坡全集》，世界书局，1936。

孙家红、龚汝富编《明清讼师秘本八种汇刊》，杨一凡主编《历代珍稀司法文献》第 11、12 册，社会科学文献出版社，2012。

孙纶编《定例成案合镌》，苏州乐荆堂 1719 年版。

汤椿年：《钟山书院志》，1725 年本，朱同芳编《南京稀见文献丛刊》，南京出版社 2013 年影印本。

陶湘：《清代殿版书始末记》，《陶氏书目十二种》，武进陶氏 1936 年版。

田文镜、李卫：《钦颁州县事宜》，丁日昌编《牧令全书》，江苏书局 1868 年重印本。

王有孚：《一得偶谈》，1805 年序本，杨一凡编《中国律学文献》第 3 辑第 4 册，黑龙江人民出版社 2006 年影印本。

翁连溪编《清内府刻书档案史料汇编》，广陵书社，2007。

吴坛校注《大清律例通考校注》，中国政法大学出版社，
　　2007。

吴天民、达可奇编《三尺定衡法家新书》，书林与耕堂 1826、
　　1862 年版。

夏炘：《圣谕十六条附律易解》，杨一凡编《中国律学文献》
　　第 4 辑第 4 册，社会科学文献出版社，2007。

湘间补相子：《新镌法家透胆寒》，六经堂 1812 年版；

湘间补相子：《新镌法家透胆寒》，出版者不详，1838。

《新刻法笔惊天雷》，永和堂 1888 年版。

《新刻法笔惊天雷》，上海锦章图书局 1915、1919、1930 年版。

《新刻法笔惊天雷》，出版者不详，1898、1909、1915。

《新刻法笔天油》，文兴德记，清版（具体出版时间不详）。

《新刻法笔新春》，出版者不详，清版（具体出版时间不详）。

徐昌祚：《新镌订补注释萧曹遗笔》，出版者不详，出版时间
　　为 1583 年或 1643 年。

徐栋：《牧令书辑要》，江苏书局 1868 年版。

徐珂编撰《清稗类钞》，中华书局，1984。

薛允升：《读例存疑点注》，胡星桥、邓又天主编，中国人民
　　公安大学出版社，1994。

杨丕灼：《洛浦县乡土志》，1907 年序本，马大正等整理
　　《新疆乡土志稿》，新疆人民出版社，2010。

余象斗：《皇明诸司公案》，三台馆万历年间刻本，刘世德等
　　编《古本小说丛刊》第 6 辑第 4 册，中华书局 1990 年
　　影印本。

张光月编《例案全集》，思敬堂 1722 年版。

张静庐辑注《中国现代出版史料》，中华书局，1959。

张集馨：《道咸宦海见闻录》，杜春和、张委清整理，中华书局，2008。

张惟赤：《海盐张氏涉园丛刻》，《丛书集成续编》第58册，新文丰出版公司1988年影印本。

张之洞：《张之洞全集》，苑书义等主编，河北人民出版社，1998。

赵尔巽编《清史稿》，中华书局，1977。

郑玄注，贾公彦疏《周礼注疏》，武英殿1739年版。

郑玄注，贾公彦疏《周礼注疏》，广东书局1871年重印本。

志和：《大清刑律择要浅说》，会文山房1864年版，杨一凡编《中国律学文献》第4辑第4册，社会科学文献出版社，2007。

祝庆祺等编《刑案汇览三编》，北京古籍出版社，2004。

竹林浪叟：《新锲萧曹遗笔》，出版者不详，1595年序本。

竹影轩主人编《新刻法家管见汇语刑台秦镜》，出版者不详，1673年序本。

Huang, Liuhong. *A Complete Book Concerning Happiness and Benevolence*. Translated by Djang Chu. Tucson：University of Arizona Press, 1984.

论著

白阳：《清代错案追责制度运行中的困境及原因探析》，《浙江社会科学》2019年第7期。

曹红军：《康雍乾三朝中央机构刻印书研究》，博士学位论文，南京师范大学，2006。

曹尚亭编著《吐鲁番五千年》，新疆大学出版社，2007。

常建华：《乡约的推行与明朝对基层社会的治理》，朱诚如、
　　王天有主编《明清论丛》第 4 辑，紫禁城出版社，2003。

陈重方：《乾隆八年〈大清律例〉的颁行》，《法制史研究》
　　第 29 辑，2016。

陈重方：《清代检验知识的常规与实践》，《清史研究》2018
　　年第 3 期。

陈重方：《〈洗冤录〉在清代的流传、阅读与应用》，《法制
　　史研究》第 25 辑，2014。

陈战彪：《清代"杀死奸夫"的立法及司法实践》，《法制与
　　社会》2013 年第 3 期。

邓建鹏：《清代州县讼案和基层的司法运作——以黄岩诉讼
　　档案为中心》，《法治研究》2007 年第 5 期。

邓建鹏：《讼师秘本与清代诉状的风格——以"黄岩诉讼档
　　案"为考察中心》，《浙江社会科学》2005 年第 4 期。

冯炜：《〈唐律疏议〉问答体疏证特指问句探析》，《长春师
　　范学院学报》2010 年第 6 期。

傅璇琮、谢灼华主编《中国藏书通史》，宁波出版社，2001。

夫马进：《讼师秘本的世界》，李力译，《北大法律评论》
　　2010 年第 1 期。

夫马进：《讼师秘本〈萧曹遗笔〉的出现》，郑民钦译，杨
　　一凡总主编《中国法制史考证》丙编第 4 卷，中国社会
　　科学出版社，2003。

龚汝富：《明清讼学研究》，商务印书馆，2008。

何敏：《从清代私家注释看传统注释律学的实用价值》，《法
　　学》1997 年第 5 期。

何朝晖：《试论中国古代雕版印刷版权形态的基本特征》，《图书与情报》2008 年第 3 期。

蒋威：《论清代塾师的职业收入及相关问题》，《历史教学》2013 年第 14 期。

酒井忠夫：《中国善书研究》，刘岳兵等译，江苏人民出版社，2010。

李贵连、胡震：《清代发审局研究》，《比较法研究》2006 年第 4 期。

梁春芳等：《浙江近代图书出版史研究》，学习出版社，2014。

刘俊文编《日本学者研究中国史论著选译》，中华书局，1992。

刘蔷：《荣录堂与清代搢绅录之出版》，《图书馆杂志》2008 年第 10 期。

罗正均：《左宗棠年谱》，朱悦、朱子南校点，岳麓书社，1983。

闵冬芳：《〈大清律辑注〉研究》，社会科学文献出版社，2013。

祁连休：《中国古代民间故事类型研究》，河北教育出版社，2007。

邱澎生：《当法律遇上经济：明清中国的商业法律》，五南图书出版公司，2008。

岛田正郎：《清律之成立》，刘俊文编《日本学者研究中国史论著选译》，中华书局，1992。

苏亦工：《明清律典与条例》，中国政法大学出版社，1999。

苏亦工：《顺治律考》，杨一凡总主编《中国法制史考证》甲编第 7 卷，中国社会科学出版社，2003。

孙殿起：《琉璃厂小志》，北京出版社，1962。

王尔敏：《清廷圣谕广训之颁行及民间之宣讲拾遗》，《中央研究院近代史研究所集刊》第 22 辑，1993 年。

王健：《中国近代的法律教育》，中国政法大学出版社，2001。

王四霞：《明太祖"圣谕六言"演绎文本研究》，硕士学位论文，东北师范大学，2011。

王志强：《清代成案的效力和其运用中的论证方式——以〈刑案汇览〉为中心》，《法学研究》2003 年第 3 期。

王志强：《中国法律史叙事中的"判例"》，《中国社会科学》2010 年第 5 期。

魏丕信：《明清时期的官箴书与中国行政文化》，李伯重译，《清史研究》1999 年第 1 期。

魏丕信：《在表格形式中的行政法规和刑法典》，张世明译，《清史研究》2008 年第 4 期。

吴艳红：《国家政策与明代的律注实践》，《史学月刊》2013 年第 1 期。

项旋：《清代殿本售卖流通考述》，《史学月刊》2018 年第 10 期。

肖东发、袁逸：《略论中国古代官府藏书与私家藏书》，《图书情报知识》1999 年第 1 期。

肖力：《清代武英殿刻书初探》，《图书与情报》1983 年第 2 期。

肖力：《清代武英殿刻书初探（续）》，《图书与情报》1983 年第 3 期。

小口彦太：《清代中国刑事审判中成案的法源性》，郑民钦译，杨一凡总主编《中国法制史考证》丙编第 4 卷，中国社会科学出版社，2003。

徐忠明、杜金：《传播与阅读：明清法律知识史》，北京大学
　　出版社，2012。

徐忠明、杜金：《清代司法官员知识结构的考察》，《华东政
　　法大学学报》2006 年第 5 期。

薛梅卿：《宋刑统研究》，法律出版社，1997。

杨莉：《夏炘的诗学思想研究》，硕士学位论文，安徽师范大
　　学，2006。

杨一凡总主编《中国法制史考证》，中国社会科学出版
　　社，2003。

杨一凡、刘笃才：《历代例考》，社会科学文献出版社，2012。

杨玉良：《清代中央官纂图书发行浅析》，《故宫博物院院
　　刊》1993 年第 4 期。

杨玉良：《武英殿修书处及内府修书各馆》，《故宫博物院院
　　刊》1990 年第 1 期。

尤陈俊：《法律知识的文字传播：明清日用类书与社会日常
　　生活》，上海人民出版社，2013。

张世明、冯永明：《"包世臣正义"的成本：晚清发审局的法
　　律经济学考察》，《清史研究》2009 年第 4 期。

张秀民：《中国印刷史》，上海人民出版社，1989。

郑秦：《大清律例考析》，杨一凡总主编《中国法制史考证》
　　丙编第 7 卷，中国社会科学出版社，2003。

郑秦：《康熙现行则例考——律例之外的条例》，《历史档
　　案》2000 年第 3 期。

郑秦：《清代法律制度研究》，中国政法大学出版社，2000。

周翔鹤：《清代台湾的地权交易——以典契为中心的一个研

究》，《中国经济史研究》2001 年第 2 期。

周振鹤：《圣谕广训：集解与研究》，上海书店出版社，2006。

朱赛虹：《武英殿刻书数量的文献调查及辨析》，《故宫博物院院刊》1997 年第 3 期。

朱士嘉：《官书局书目汇编》，中华图书馆协会，1933。

大木康『明末江南における出版文化』研文出版、2004。

井上進『中国出版文化史：書物世界と知の風景』名古屋大学出版会、2002。

Alford, William P. *To Steal a Book is an Elegant Offense: Intellectual Property Law in Chinese Civilization*. Stanford: Stanford University Press, 1995.

Baker, J. H. "The Books of the Common Law," in Lotte Hellinga and J. B. Trapp, eds. , *The Cambridge History of the Book in Britain*, vol. 3. Cambridge: Cambridge University Press, 1999.

Baker, J. H. "English Law Books and Legal Publishing," in John Barnard and D. F. McKenzie, eds. , *Cambridge History of the Book in Britain*, vol. 4, *1557 – 1695*. Cambridge: Cambridge University Press, 2002.

Baloch, Tariq A. "Law Booksellers and Printers as Agents of Unchange," *Cambridge Law Journal*, vol. 66, no. 2 (2007): 389 – 421.

Bernhardt, Kathryn, and Philip Huang, eds. *Civil Law in Qing and Republican China*. Stanford: Stanford University Press, 1994.

Bodde, Derk, and Clarence Morris. *Law in Imperial China: Exemplified by 190 Ch'ing Dynasty Cases*. Cambridge, MA:

Harvard University Press, 1973.

Brokaw, Cynthia. *Commerce in Culture: The Sibao Book Trade in the Qing and Republican Periods*. Cambridge, MA: Harvard University Press, 2007.

Brokaw, Cynthia. "Empire of Texts: Book Production, Book Distribution, and Book Culture in Late Imperial China," in Joseph P. McDermott and Peter Burke, eds. , *The Book Worlds of East Asia and Europe, 1450 – 1850: Connections and Comparisons*. Hong Kong: Hong Kong University Press, 2015.

Brokaw, Cynthia, and Kai-Wing Chow, eds. *Printing and Book Culture in Late Imperial China*. Berkeley: University of California Press, 2005.

Brokaw, Cynthia, and Christopher A. Reed, eds. *From Woodblocks to the Internet: Chinese Publishing and Print Culture in Transition, circa 1800 to 2008*. Leiden: Brill, 2010.

Cassel, Pär Kristoffer. *Grounds of Judgment: Extraterritoriality and Imperial Power in Nineteenth Century China and Japan*. Oxford: Oxford University Press, 2012.

Cavallo, Guglielmo, and Roger Chartier, eds. *A History of Reading in the West*. Oxford: Blackwell, 1999.

Chang, Wejen. "Legal Education in Ch'ing China," in Benjamin Elman and Alexander Woodside, eds. , *Education and Society in Late Imperial China, 1600 – 1900*. Berkeley: University of California Press, 1994.

Chen, Fu-mei Chang. "The Influence of Shen Chih-Ch'i's Chi-

chu Commentary upon Ch'ing Judicial Decisions," in Jerome
Alan Cohen, Fu-mei Chang Chen, and R. Randle Edwards,
eds. , *Essays on China's Legal Tradition*. Princeton: Prince-
ton University Press, 1980.

Chen, Fu-mei Chang. "Private Code Commentaries in the Devel-
opment of Ch'ing Law, 1644 – 1911," PhD dissertation,
Harvard University, 1970.

Chen, Li. *Chinese Law in Imperial Eyes: Sovereignty, Justice,
and Transcultural Politics*. New York: Columbia University
Press, 2015.

Chen, Li. "Legal Specialists and Judicial Administration in Late
Imperial China, 1651 – 1911," *Late Imperial China*, vol.
33, no. 1 (2012): 1 – 54.

Chen, Li. "Regulating Private Legal Specialists and the Limits of
Imperial Power in Qing China," in Li Chen and Madeleine
Zelin, eds. , *Chinese Law: Knowledge, Practice and Trans-
formation, 1530 to 1950s*. Leiden: Brill, 2015.

Chen, Li, and Madeleine Zelin, eds. *Chinese Law: Knowledge,
Practice and Transformation, 1530 to 1950s*. Leiden: Brill,
2015.

Chia, Lucille. *Printing for Profit: The Commercial Publishers of
Jianyang, Fujian (11th – 17th Centuries)*. Cambridge, MA:
Harvard University Press, 2002.

Chow, Kai-wing. *Publishing, Culture, and Power in Early Mod-
ern China*. Stanford: Stanford University Press, 2004.

Chow, Kai-wing. *The Rise of Confucian Ritualism in Late Imperial*

China: *Ethics*, *Classics*, *and Lineage Discourse*. Stanford: Stanford University Press, 1994.

Ch'ü, T'ung-Tsu. *Law and Society in Traditional China*. Paris: Mouton, 1961.

Ch'ü, T'ung-Tsu. *Local Government in China under the Ch'ing*. Cambridge, MA: Harvard University Press, 1988.

Cohen, Jerome Alan, Fu-mei Chang Chen, and R. Randle Edwards, eds. *Essays on China's Legal Tradition*. Princeton: Princeton University Press, 1980.

Cole, James H. *Shaohsing*: *Competition and Cooperation in Nineteenth Century China*. Tucson: University of Arizona Press, 1986.

Crossley, Pamela K. , Helen F. Siu, and Donald S. Sutton, eds. *Empire at the Margins*: *Culture*, *Ethnicity*, *and Frontier in Early Modern China*. Berkeley: University of California Press, 2006.

de Bary, William Theodore. *Asian Values and Human Rights*: *A Confucian Communitarian Perspective*. Cambridge, MA: Harvard University Press, 1998.

de Bary, William Theodore, and John W. Chaffee, eds. *Neo-Confucian Education*: *The Formative Stage*. Berkeley: University of California Press, 1989.

Durrant, Stephen, Wai-yee Li, and David Schaberg, trans. *Zuo Tradition*: *Commentary on the "Spring and Autumn Annals."* Seattle: University of Washington Press, 2016.

Eisenstein, Elizabeth. *The Printing Press as an Agent of Change*:

Communications and Cultural Transformations in Early-Modern Europe. Cambridge： Cambridge University Press， 1979.

Eisenstein， Elizabeth. *The Printing Revolution in Early Modern Europe.* New York： Cambridge University Press， 1983.

Elman， Benjamin A. *A Cultural History of Civil Examinations in Late Imperial China.* Berkeley： University of California Press， 2000.

Elman， Benjamin A. ， and Alexander Woodside， eds. *Education and Society in Late Imperial China， 1600 – 1900.* Berkeley： University of California Press， 1994.

Farmer， Edward L. *Zhu Yuanzhang and Early Ming Legislation： The Reordering of Chinese Society following the Era of Mongol Rule.* Leiden： Brill， 1995.

Folsom， Kenneth E. *Friends， Guests， and Colleagues： The Mu-fu System in the Late Ch'ing Period.* Berkeley： University of California Press， 1968.

Harvey， David. *The Law Emprynted and Englysshed： The Printing Press as an Agent of Change in Law and Legal Culture， 1475 – 1642.* Oxford： Hart， 2015.

He， Yuming. *Home and the World： Editing the " Glorious Ming" in Woodblock-Printed Books of the Sixteenth and Seventeenth Centuries.* Cambridge， MA： Harvard University Press， 2013.

Hegel， Robert E. *True Crimes in Eighteenth-Century China： Twenty Case Histories.* Seattle： University of Washington Press， 2009.

Hegel， Robert E. ， and Katherine Carlitz， eds. *Writing and Law in Late Imperial China: Crime, Conflict, and Judgment.* Seattle: University of Washington Press, 2007.

Henderson, Edith G. "Legal Literature and the Impact of Printing on the English Legal Profession," *Law Library Journal*, vol. 68, no. 3 (1975): 288–293.

Hsiao, Kung-chuan. *Rural China: Imperial Control in the Nineteenth Century.* Seattle: University of Washington Press, 1960.

Hsu, Stephen C., ed. *Understanding China's Legal System: Essays in Honor of Jerome A. Cohen.* New York: New York University Press, 2003.

Huang, Philip C. C. *Civil Justice in China: Representation and Practice in the Qing.* Stanford: Stanford University Press, 1996.

Hucker, Charles O. *A Dictionary of Official Titles in Imperial China.* Taipei: Southern Materials Center, 1988.

Jacobs, Justin. "Empire Besieged: The Preservation of Chinese Rule in Xinjiang, 1884–1971," PhD dissertation, University of California, San Diego, 2011.

Jiang, Yonglin, *The Mandate of Heaven and the Great Ming Code.* Seattle: University of Washington Press, 2011.

Johnson, David, Andrew J. Nathan, and Evelyn S. Rawski, eds. *Popular Culture in Late Imperial China.* Berkeley: University of California Press, 1985.

Kornicki, Peter. *The Book in Japan: A Cultural History from the Beginnings to the Nineteenth Century.* Leiden: Brill, 1998.

Lipman, Jonathan N. "A Fierce and Brutal People: On Islam and Muslims in Qing Law," in Pamela K. Crossley, Helen F. Siu, and Donald S. Sutton, eds., *Empire at the Margins: Culture, Ethnicity, and Frontier in Early Modern China*. Berkeley: University of California Press, 2006.

Macauley, Melissa A. *Social Power and Legal Culture: Litigation Masters in Late Imperial China*. Stanford: Stanford University Press, 1998.

Mair, Victor H. "Language and Ideology in the Written Popularizations of the Sacred Edict," in David Johnson, Andrew J. Nathan, and Evelyn S. Rawski, eds., *Popular Culture in Late Imperial China*. Berkeley: University of California Press, 1985.

McDermott, Joseph P. "Emperor, Elites, and Commoners: The Community Pact Ritual of the Late Ming," in Joseph P. McDermott, ed., *State and Court Ritual in China*. New York: Cambridge University Press, 1999.

McDermott, Joseph P., and Peter Burke, eds. *The Book Worlds of East Asia and Europe, 1450 – 1850: Connections and Comparisons*. Hong Kong: Hong Kong University Press, 2015.

Metzger, Thomas A. *The Internal Organization of Ch'ing Bureaucracy: Legal, Normative, and Communication Aspects*. Cambridge, MA: Harvard University Press, 1973.

Meyer-Fong, Tobie. *What Remains: Coming to Terms with Civil War in 19th Century China*. Stanford: Stanford University

Press, 2013.

Millward, James A. *Beyond the Pass: Economy, Ethnicity, and Empire in Qing Central Asia, 1759 - 1864*. Stanford: Stanford University Press, 1998.

Millward, James A., and Laura J. Newby. "The Qing and Islam on the Western Frontier," in Pamela K. Crossley, Helen F. Siu, and Donald S. Sutton, eds., *Empire at the Margins: Culture, Ethnicity, and Frontier in Early Modern China*. Berkeley: University of California Press, 2006.

Miyazaki, Ichisada. "The Administration of Justice during the Sung Dynasty," in Jerome Alan Cohen, R. Randle Edwards, and Fu-mei Chang Chen, eds., *Essays on China's Legal Tradition*. Princeton: Princeton University Press, 1980.

Mokros, Emily. "Communication, Empire, and Authority in the Qing Gazette," PhD dissertation, Johns Hopkins University, 2016.

Needham, Joseph, ed. *Science and Civilisation in China*, vol. 5, *Chemistry and Chemical Technology*, part 1, "Paper and Printing," Contributed by Tsien Tsuen-Hsuin. New York: Cambridge University Press, 1985.

Ocko, Jonathan K. "I'll Take It All the Way to Beijing: Capital Appeals in the Qing." *Journal of Asian Studies*, vol. 47, no. 2 (1988): 291 - 315.

Prest, Wilfrid. "Law Books," in *The Cambridge History of the Book in Britain*, vol. 5, *1695 - 1830*, edited by Michael F. Suarez and Michael L. Turner. Cambridge: Cambridge

University Press, 2009.

Rawski, Evelyn S. *Education and Popular Literacy in Ch'ing China*. Ann Arbor: University of Michigan Press, 1979.

Reed, Bradly W. "Money and Justice: Clerks, Runners, and the Magistrate's Court in Late Imperial Sichuan," *Modern China*, vol. 21, no. 3 (1995): 345 – 382.

Reed, Bradly W. *Talons and Teeth: County Clerks and Runners in the Qing Dynasty*. Stanford: Stanford University Press, 2000.

Reed, Christopher A. *Gutenberg in Shanghai: Chinese Print Capitalism, 1876 – 1937*. Vancouver: University of British Columbia Press, 2004.

Ross, Richard J. "The Commoning of the Common Law: The Renaissance Debate over Printing English Law, 1520 – 1640," *University of Pennsylvania Law Review*, vol. 146, no. 2 (1998): 323 – 461.

Rowe, William T. *China's Last Empire: The Great Qing*. Cambridge, MA: Harvard University Press, 2009.

Rowe, William T. "Education and Empire in Southwest China: Ch'en Hung-mou in Yunnan, 1733 – 38," in Benjamin A. Elman and Alexander Woodside, eds. , *Education and Society in Late Imperial China, 1600 – 1900*. Berkeley: University of California Press, 1994.

Rowe, William T. *Saving the World: Chen Hongmou and Elite Consciousness in Eighteenth Century China*. Stanford: Stanford University Press, 2001.

Shang, Wei. " 'Jin Ping Mei' and Late Ming Print Culture," in

Patrick Hanan, Judith T. Zeitlin, Lydia H. Liu, and Ellen Widmer, eds. , *Writing and Materiality in China: Essays in Honor of Patrick Hanan*. Cambridge, MA: Harvard University Press, 2003.

Sommer, Matthew H. "The Field of Qing Legal History," in Haihui Zhang, Zhaohui Xue, Shuyong Jiang, and Gary Lance Lugar, eds. , *A Scholarly Review of Chinese Studies in North America*. The Association for Asian Studies, pp. 113 – 132.

Sommer, Matthew H. *Polyandry and Wife-Selling in Qing Dynasty China: Survival Strategies and Judicial Interventions*. Oakland: University of California Press, 2015.

Sommer, Matthew H. *Sex, Law, and Society in Late Imperial China*. Stanford: Stanford University Press, 2002.

Übelhör, Monika. "The Community Compact (Hsiang-yüeh) of the Sung and Its Educational Significance," in William Theodore de Bary and John W. Chaffee, eds. , *Neo-Confucian Education: The Formative Stage*. Berkeley: University of California Press, 1989.

Wakefield, David. *Fenjia: Household Division and Inheritance in Qing and Republican China*. Honolulu: University of Hawaii Press, 1998.

Wang, Zhiqiang. "Case Precedent in Qing China: Rethinking Traditional Case Law," *Columbia Journal of Asian Law*, vol. 19, no. 1 (2005): 323 –344.

Weber, Max. *The Religion of China: Confucianism and Taoism.*

Glencoe: Free Press, 1951.

Will, Pierre-Étienne. *Official Handbooks and Anthologies of Imperial China: A Descriptive and Critical Bibliography*. Leiden: Brill, 2020.

Will, Pierre-Étienne. "Views of the Realm in Crisis: Testimonies on Imperial Audiences in the Nineteenth Century," *Late Imperial China*, vol. 29, no. 1, supplement (2008): 125 – 159.

Wu Yanhong. "The Community of Legal Experts in Sixteenth- and Seventeenth-Century China," in Li Chen and Madeleine Zelin, eds., *Chinese Law: Knowledge, Practice and Transformation, 1530 to 1950s*. Leiden: Brill, 2015.

Yu, Li. "A History of Reading in Late Imperial China," PhD dissertation, Ohio State University, 2003.

Zelin, Madeleine. *The Magistrate's Tael: Rationalizing Fiscal Reform in Eighteenth Century Ch'ing China*. Berkeley: University of California Press, 1984.

Zhang, Ting. "Penitence Silver and the Politics of Punishment in the Qianlong Reign, 1736 – 1796," *Late Imperial China*, vol. 31, no. 2 (2010): 34 – 68.

Zheng, Qin, and Guangyuan Zhou. "Pursuing Perfection: Formation of the Qing Code," *Modern China*, vol. 21, no. 3 (1995): 310 – 344.

Zhou, Guangyuan. "Beneath the Law: Chinese Local Legal Culture during the Qing Dynasty," PhD dissertation, University of California, Los Angeles, 1995.

后　记

　　我对于清代法律信息流通的兴趣源起于我在写作硕士学位论文时对乾隆时期议罪银的研究。在乾隆朝中后期，很多高级官员因为在处理行政或法律问题上的一些失误，被皇帝罚了大量银两。这些银两被收归内务府，被称为议罪银。这当然是乾隆朝中后期内府敛财的手段之一。在我做议罪银研究时，我开始对清代官僚机构内部的律例及行政法规的流通感兴趣。因为清代的律例和行政法规非常复杂、琐碎，而且更新速度很快，官员为了避免因违反法律或行政法规而被罚银，必定得掌握相关的法律法规。那么，这些时常更新的法律法规是如何在清代的官僚机构内部流通的呢？除了议罪银，另一个使我对法律知识传播开始感兴趣的契机是我在约翰斯·霍普金斯大学读博士的第二年，读到了本书开篇提到的杜怀亮谋杀案。很显然，杜怀亮是具有一定的法律知识的，并以他的法律知识为基础，设计并施行了对他妻子和陈文现的谋杀，并希望借"杀死奸夫"律脱罪。作为一个普通的农民，杜怀亮是如何能够获取法律知识的？在博士学位论文选题期间，我开始针对以上问题查阅资料。我最开始着眼于官府（尤其是武英殿）出版的法律书籍。因为法律书籍，尤其是律例等书具有官方法律权威，一般想当然的是由官府主导出版。在我们研究清代法律史时，使用的书籍也常常是具有权威性的殿版律例及会典事例等。当我在各个图书馆查阅清代法律书籍时，令我感到惊诧的是，官府出版的法律书籍仅仅是一小部分，绝大多数法律书籍是由各种各样的商业或私人书坊印刷。这让我决定研究清代法律书籍的商业出版及其对清代法律制度、法律文化和法律知识流通的影响。

在本书的写作过程中，我得到了很多老师、同学和朋友的帮助。我首先希望感谢我的导师罗威廉教授和梅尔清教授。他们对我的研究进程和写作给予了无微不至的关心和指导。他们在很大程度上塑造了我对清史的宏观认识及研究方法的选定。他们对我书稿中的每字每句都仔细阅读，细心修改，提供了无数宝贵的意见和建议，使我获益匪浅。我还希望感谢我在北京大学读本科和硕士时的导师徐凯教授，是徐老师将我领入清史研究领域，并建议和指导我对乾隆朝议罪银进行研究。徐老师及各位同门是个温暖的集体，至今我都非常怀念在燕园读书学习的日子。另外，我希望感谢黄宗智教授，我在北大读硕士期间参加了黄宗智教授举办的为期一年的研修班，使我对美国的清代法律与历史研究有了更深入的认识。在黄老师的鼓励和建议下，我决心赴美攻读博士学位。黄老师帮助我选择申请的学校，写推荐信，并对我的申请过程进行了诸多指导。

在本书的写作和修改过程中，我得到了诸多学界同仁的帮助与指导。我想特别感谢施姗姗（Sarah Schneewind）、玛丽·瑞恩（Mary Ryan）、叶琳·钟（Erin Chung）、包筠雅

（Cynthia Brokaw）、陈利、高铮（James Gao）等诸位老师，美国华盛顿大学出版社邀请的三位匿名评审老师，以及美国华盛顿特区中国史读书小组的诸位成员，他们阅读了大部分或全部书稿，并提出了宝贵的修改意见。此外，我想感谢本书英文版的编辑洛里·哈格曼（Lorri Hagman）老师和中文版的编辑李期耀老师，为本书的修改、编辑和出版提供了诸多帮助。特别致谢本书中文版的译者张田田老师，她高质量的翻译还原了英文版的内容与思想，使得中文读者可以更方便地了解本书的论述。

在我的研究与写作过程中，得到了很多图书馆、档案馆和研究机构的帮助。我想致谢中国国家图书馆、中国第一历史档案馆、美国国会图书馆、哈佛－燕京图书馆、哥伦比亚大学图书馆、约翰斯·霍普金斯大学图书馆、早稻田大学图书馆、东京大学东洋文库、马里兰大学图书馆、加州大学圣地亚哥分校图书馆、清史编纂委员会图书室等。正是这些机构的馆藏，使得我对于清代法律书籍史的研究成为可能。本书的研究与写作也得到了诸多机构的资助，如亨利·露丝基金会和美国学术协会理事会的中国研究青年学者奖学金、多瑞斯·奎恩博士论文奖学金、蒋经国基金会博士论文奖学金、中国国家优秀自费留学生奖学金、美国亚洲研究学会中国与内亚研究旅行基金、约翰斯·霍普金斯大学奖学金、马里兰大学研究与学术奖等。另外，我想感谢刘文鹏教授、王元崇教授、墨安氐（Emily Mokros）教授，他们帮助我获得了一些宝贵的资料，使我的研究获益匪浅。

我衷心地感谢我的家人，正是他们的支持使得本书的研究和写作成为可能。我对历史的兴趣，在很大程度上源自小时候在餐桌上听我父亲讲的历史故事。这些故事引起我的兴趣，使得我希望进一步阅读相关的历史书籍。我的父母对我一直包容、鼓励与支持，他们让我自己选择想读的专业，并且对我对自己人生规划的各种决定几乎都是毫无保留的支持。我非常庆幸可以在宽松、自由、包容、乐观的家庭环境中长大。我也想特别致谢我的奶奶，在北京往返于各个图书馆、档案馆查阅资料的时候，奶奶给我提供了一个温馨的住处，并且每天不辞辛苦地为我做饭。我的两个孩子都出生在我修改书稿的几年中，他们给我们的家庭带来了无穷无尽的欢乐。我的父母与公婆为了照顾孩子，常年往返于中美之间。我非常感谢他们的辛勤付出。最后，我想感谢我的丈夫，他与我一起经历了本书从选题、研究、写作和修改的整个快乐并辛苦的过程。

　　法律知识的产生、传播与影响是个非常复杂的问题。本书从出版史的角度对这一问题进行了初步的研究，还有很多问题需要进一步的研究才能得出更清晰的答案。如清代的法律普及程度到底如何？清代的普通民众是如何理解和使用法律知识的？他们的法律知识对地方司法实践有何影响？这些问题的回答可能需对地方司法档案与民间诉讼材料做进一步研究。我希望本书的出版能进一步激发学者对这些问题的兴趣，在未来会有更多、更细致的研究来解答这些关于清代法律与社会的重要问题。

张　婷

2022 年 3 月 16 日

美国马里兰州劳雷尔市

译后记

　　从各种意义来看，能读到张婷老师的书是件开心的事。于一年的最后一天敲定译后记，像是给自己的新年礼物。也期待中译本能像礼物一样，在新年来到各位读者手中——据我所知，不少同行相当期待。

　　从翻译的角度，感谢作者和社会科学文献出版社对我的信任。还记得 2020 年下半年，先是胡祥雨老师转来陈肖寒编辑的垂询，随后正式在责编李期耀老师的帮助和支持下开始翻译。李老师提供了详尽的翻译指南和明确的出版规划，让我们的沟通顺畅又灵活高效。在我的翻译经历中，这一次虽然难度最大（之前没有独立译过全书），但实在是最愉快的一次。

　　而从读者和学者的角度，能够边译边读、半译半学，又实在是我的偏得。初读张老师关于清代幕友与书商的一篇中文论文便念念不忘，有幸遇上译书的机会来先睹为快、细细品味她整本专著，实在是各种过瘾。她兼具严谨与巧思的精妙论证，常常让我在读与译时入迷，又启发我换个角度看文献并跨界观察清代书籍、读本、律例和法律知识，催生出我一些读书笔记、读史心得和交流分享。此外，因译书的便利，我也乐于向学生推荐此书，也会出借我的译稿吸引他们探索，还真有学生被张老师的讲座和专著深深吸引，从而选择了相关的选题作为硕士学位论文的研究方向。实在是一举多得，获益良多，要再一次向张婷老师致谢。

张老师的英文原文足够明白晓畅，读来也是享受。在译成中文的过程中，以下几处表达值得注意，谨做说明。（1）原文中"the Code""the Great Qing Code"等，结合语境，一般先译作"律典"或"清律"，再依据行文细分为"钦定""殿版""坊刻"等。之所以不统一译成"《大清律例》"，是因为一方面根据张老师的研究，坊刻版的名目甚多，书名中往往会用"汇纂""全纂"等字样来突出其编纂特色；另一方面，即便是殿版，视颁行年份也存在《大清律集解附例》与《大清律例》的名称区别。（2）原文中罗列清律条目、引用法律条文，均从英文译本。我翻译时，又利用《大清律例》点校版对内容加以还原，但注释仍大多从旧。（3）原文中的"early modern"有其特定指涉，中文译作"早期近代"其实与史学界惯常的"近代"时段划分有所不同。敬请读者留心。

最后，回顾过去与展望未来，多谢在法史学界与译界都为我提供指引的专家学者张中秋、周东平、陈灵海、朱腾、朱明哲、尤陈俊、景风华等，也希望在翻译路上与各位作者老师、编辑老师能这般合作愉快、不留遗憾，甚至期待"再续前缘"。前已述及，在译与读、学与研这几方面，通过翻译张婷老师的大作，我都收获了很多。而从治学和生活来看，尤其是最近两年，翻译工作带来的某种沉浸与踏实又是相对独特的人生体验。还记得今年年初，与家人分隔两地，虽宅居时日日盯着新增病例数字，时时留意社区通知，但会定时定点来到电脑前，一抬头面朝晴窗，一低头就对着文字，锤炼文辞、核对文献、磨砺文思。这既是身为学者获得内心确信"不能出门，却没被彻底困住"的一种方式，也许还算得上"常态"与"常态化"之间的新探索吧。

张田田

2021 年 12 月 31 日

图书在版编目（CIP）数据

法律与书商：商业出版与清代法律知识的传播 /
（美）张婷著；张田田译. -- 北京：社会科学文献出版
社，2022.4
书名原文：Circulating the Code：Print Media
and Legal Knowledge in Qing China
ISBN 978 - 7 - 5201 - 9785 - 4

Ⅰ.①法…　Ⅱ.①张…②张…　Ⅲ.①出版事业 - 文
化史 - 中国 - 清代②法制史 - 研究 - 中国 - 清代　Ⅳ.
①G239.294.9②D929.49

中国版本图书馆 CIP 数据核字（2022）第 039693 号

法律与书商：商业出版与清代法律知识的传播

著　　者／〔美〕张　婷
译　　者／张田田

出 版 人／王利民
责任编辑／李期耀
责任印制／王京美

出　　版／社会科学文献出版社·历史学分社（010）59367256
　　　　　　地址：北京市北三环中路甲 29 号院华龙大厦　邮编：100029
　　　　　　网址：www. ssap. com. cn
发　　行／社会科学文献出版社（010）59367028
印　　装／北京盛通印刷股份有限公司

规　　格／开本：889mm × 1194mm　1/32
　　　　　　印张：8.125　字数：182 千字
版　　次／2022 年 4 月第 1 版　2022 年 4 月第 1 次印刷
书　　号／ISBN 978 - 7 - 5201 - 9785 - 4
著作权合同
登记号　　／图字 01 - 2021 - 2249 号
定　　价／69.00 元

读者服务电话：4008918866